Der Wein

Lebensfreude
und
Gesundheit

Für Freunde und Kunden
des Weingutes
Adam Müller, Leimen
Dr. Norbert Becker

Norbert Becker, Herbert Güss

Der Wein

Lebensfreude und Gesundheit

Ein weinfachlicher und ärztlicher Ratgeber
für den gesundheitsdienlichen Weingenuß

Kehrer Verlag KG · Freiburg i. Br.

CIP-Titelaufnahme der Deutschen Bibliothek:

Becker, Norbert:
Der Wein: Lebensfreude und Gesundheit; ein weinfachlicher und ärztlicher Ratgeber für den gesundheitsdienlichen Weingenuß / Norbert Becker; Herbert Güss. – 6. teilw. überarb. Aufl. – Freiburg i. Br.: Kehrer, 1992

ISBN 3-923937-94-6

NE: Güss, Herbert

Druck: Kehrer Offset KG, 7800 Freiburg i. Br.
6., teilweise überarbeitete Auflage 1992 · ISBN 3-923937-94-6

Wo und von wem wurde dieses Buch geschrieben? Die Autoren leben und arbeiten in der Stadt, die sich als Stadt der Gotik, des Waldes und des Weines apostrophiert, in Freiburg im Breisgau.

Auf dem Reichstag zu Freiburg erließ Kaiser Maximilian 1498 die „Ordnung und Satzung über Wein", sozusagen das erste deutsche Weingesetz. In Freiburg arbeiten am Staatlichen Weinbauinstitut, der Weinbau-Forschungsanstalt des Landes Baden-Württemberg, Wissenschaftler und diplomierte Weinbauingenieure an der Fortentwicklung der Rebkultur und an der Kontrolle und Verbesserung der Qualität des Weines.

Freiburg ist aber auch Sitz einer berühmten medizinischen Fakultät und mehrerer medizinischer Forschungsstätten. Bekannte Heilbäder wie Bad Krozingen, Badenweiler und Bad Bellingen liegen von Reben umkränzt in Freiburgs unmittelbarer Nachbarschaft. Freiburg und seine liebenswerte Landschaft stehen nicht nur im Dienste des Weinbaus, sondern auch der Erholung und der Gesundheit.

Vom Geist und vom Flair dieser Stadt beseelt, haben sich zwei kompetente Fachleute daran gemacht, in diesem Buch Wein und Gesundheit zu vermählen.

Dr. Norbert Becker ist Agronom. Am Staatlichen Weinbauinstitut in Freiburg ist er für die Rebenzüchtung und Standortforschung verantwortlich. 1937 in Wiesbaden geboren, verbrachte er seine Jugend auf einem Rheingauer Weingut. Schon als Gymnasialschüler half er bei der Rebarbeit und lernte als Kellner in der gutseigenen Weingaststätte das Fluidum der rheinischen Weinfröhlichkeit kennen. Nach dem Abitur am humanistischen Gymnasium wurde er zunächst Bundeswehr-Soldat und Offiziersanwärter, absolvierte danach eine zweijährige Lehre in der praktischen Landwirtschaft und studierte Agrarwissenschaft an der Universität Gießen. Nach der Diplomprüfung war er dort Assistent am Institut für Obstbau und Doktorand an der Weinforschungsanstalt in Geisenheim a. Rh., anschließend Referendar beim Hessischen Landwirtschaftsministerium. Er verfaßte zahlreiche Publikationen in weinbaulichen Fachzeitschriften und ist bei Winzern und Weinfreunden als begehrter Vortragsredner geschätzt. Sein wissenschaftliches Arbeitsgebiet führte ihn zu Studienreisen und Vorträgen in verschiedene Weinbauländer in Europa und Übersee.

Dr. Herbert Güss ist Arzt für Allgemeinmedizin. Er wurde 1923 in Engen Kreis Konstanz am Bodensee geboren und entstammt mütterlicherseits einer Markgräfler Winzerfamilie. Seine Jugend verbrachte er in Singen am Hohentwiel zu Füßen des höchsten Weinbergs Deutschlands. Nach dem Abitur im Jahre 1942 erlebte er im Sanitätsdienst den Krieg an der Ostfront und eine glücklicherweise nur kurze Kriegsgefangenschaft. Er studierte unter den schwierigen Umständen der Nachkriegsjahre Medizin in München und Freiburg. Nach dem Staatsexamen bildete er sich über 8 Jahre an verschiedenen Instituten und Universitätskliniken weiter, wo er unter anderem auch den Titel eines Facharztes für Frauenkrankheiten erhielt. Seit 1959 ist Dr. Herbert Güss in Freiburg niedergelassener Arzt für Allgemeinmedizin und Sportmedizin. In seiner vielseitigen Praxis übt er außerdem die Gynäkologie und Phlebologie (Venenheilkunde) aus. Seine positive, aber von ärztlicher Verantwortung geprägte Einstellung zum Wein spiegelt sich in den Ausführungen dieses Buches wider.

Inhalt

Vorwort der Autoren

Der *Wein* begleitet als Kulturgut seit Jahrtausenden die Geschichte der abendländischen Völker. Die *Gesundheit* ist des Menschen höchstes Gut. Mit dem vorliegenden Buch wollen wir anhand neuerer medizinischer Erkenntnisse zeigen, daß der mäßige, kultivierte Weingenuß nicht nur für die Gesundheit unbedenklich ist, sondern sogar gesundheitsförderlich sein kann. In aller Klarheit müssen wir aber auch vor der Gefährdung der Gesundheit durch einen zügellosen, exzessiven Weinkonsum warnen.

Wir haben versucht, die medizinischen Fragen ärztlich und wissenschaftlich verantwortungsvoll und kritisch darzustellen. Dies konnte uns nicht daran hindern, das Gesagte an einigen Stellen mit dezentem Humor zu würzen.

Da sich das Buch einerseits an den Weinfreund, andererseits aber auch an den Winzer und Kellermeister wendet, haben wir uns um eine allgemeinverständliche Sprache bemüht und medizinisches Fachlatein so weit wie möglich vermieden. Wir hielten es dennoch – der Seriosität wegen – für erforderlich, unsere Aussagen durch die Zitate der einschlägigen Fachliteratur und der wissenschaftlichen Quellen zu belegen. Die in Klammern in den Text eingefügten Zahlen verweisen auf das Literaturverzeichnis im Anhang des Buches. Dem wissenschaftlich besonders interessierten Leser ist so die Möglichkeit gegeben, sich noch tieferen Zugang zur Materie zu verschaffen.

Wir hoffen, daß es uns gelingen wird, mit diesem Buch zu zeigen, daß der Wein mehr ist als eine alkoholische Flüssigkeit, und daß wir eine Art der Darstellung gefunden haben, die von den Freunden guter Weine begrüßt wird und uns trotzdem vor der Kritik fanatischer Alkoholgegner schützt.

Danken möchten wir an dieser Stelle Herrn Prof. Dr. J. Keul, Ärztlicher Direktor, Lehrstuhl und Abteilung Sport- und Leistungsmedizin, Medizinische Universitätsklinik Freiburg, für die kritische Prüfung des Manuskriptes und für wertvolle Anregungen.

Freiburg im Breisgau, Ostern 1985
Die Autoren

1. Wein – ein altes Kulturgut

Der Wein ist seit Beginn der abendländischen Zivilisation eine von Mystik umrankte Quelle geistiger, religiöser und künstlerischer Kräfte. Die Malerei und die Musik haben sich seit Jahrtausenden des Kulturgutes Wein angenommen. Wein gilt bei den Dichtern als Mittler zwischen Diesseits und Jenseits. In den Mythen fast aller Völker, in deren Kulturgeschichte der Wein Bedeutung hat, wird der Rebstock als besonderes Geschenk des Himmels und der Wein als Heilmittel höheren Ursprungs angesehen. In der Nähe von Damaskus fanden Archäologen in einem Hügelgrab eine kleine Traubenpresse und Kerne von Trauben, deren Alter man auf etwa 8000 Jahre schätzt. Schon Jahrtausende vor Christi Geburt hatte der Wein in den Hochkulturen Vorderasiens große Bedeutung. Im alten Mesopotamien waren die Schriftzeichen für Wein und für Leben identisch. Den Vorzeitmenschen galt die Traube als Symbol des Heils und der Lebenskraft. Die alten Ägypter betrachteten den Wein als heiliges Getränk, das sie dem Weingott Osiris opferten. Durch Gesetz war es verboten, ihn an trunkene und lärmende Raufbolde auszuschenken. Altägyptische Papyrusrollen erwähnen den Wein als Heilmittel und als Liebestrank. In den Gräbern der Pharaonen der Dritten Dynastie fand man 30 Amphoren, die zur Zeit der Bestattung mit Wein gefüllt waren. Kein anderes Getränk hielt man damals für würdig, die Könige auf dem Weg in eine andere Welt zu begleiten.

Der Wein ist also von alters her mit einem besonderen Mythos umgeben. Wein ist somit mehr als ein alkoholisches Getränk. Er ist sicherlich eines der schönsten Geschenke der Natur. Wein trinkt man nicht einfach, man riecht ihn, betrachtet Farbe und Klarheit, schmeckt ihn und spricht über ihn, sicherlich mehr als über alle anderen Produkte unserer Erde. Die Tatsache, daß man sich einander mit Wein auf die Gesundheit zuprostet, verweist auf den Titel dieses Buches.

Der größte Freudenquell des Lebens

Im antiken Griechenland wurde Weinbau schon in mykenischer Zeit, etwa 1600–1200 v. Chr. betrieben. Wenn man den alten Überlieferungen glauben darf, so tranken die Griechen den Wein regelmäßig, aber nicht unmäßig. Er wurde stets mit Wasser verdünnt. Ihn unverdünnt zu genießen, war verpönt. Doch die Griechen waren auch keine Übermenschen. Daß es bei den religiösen Festen zu Ehren des Weingottes Dionysos oder Bacchus zu orgiastisch ausschweifenden Trinkgelagen kam, ist uns ebenfalls überliefert. Der Rausch galt als göttliche Offenbarung.

In der griechischen Hochkultur erreichte der Wein seine höchste kultische und künstlerische Stellung. Man kann mit Recht sagen, daß der Wein das ganze Leben der Griechen, ihre Kultur und ihre Gesittung buchstäblich durchtränkt hat.

In seltener Reichhaltigkeit und Anschaulichkeit überliefert uns Homer (ca. 800 v. Chr.) in seinen Werken ein Bild vom Weinbau und von der Weinkultur im alten Griechenland. In der Ilias ist 49mal, in der Odyssee 85mal von Wein und Reben die Rede. Eine besonders eindrucksvolle Stelle der Odyssee wollen wir herausgreifen: Odysseus wird nach dem Sieg über Troja vom Meeresgott Poseidon bestraft und irrt mit den letzten überlebenden Kampfgenossen als Schiffbrüchiger im Ägäischen Meer umher. Das Floß mit den entkräfteten Kriegern wird zu einer Insel getragen, die von einem einäugigen Riesen, dem Zyklopen, bewohnt ist. Der Riese nimmt die ausgehungerten Griechen in einer Höhle gefangen, als sie sich an seinen Trauben vergreifen und seine Lämmer zu schlachten versuchen. Odysseus ersinnt eine List, um mit seiner Mannschaft der Gefangenschaft zu entkommen. Er erklärt dem barbarischen Inselbesitzer, daß man aus den wildwachsenden Trauben seiner Insel *Wein* gären kann, Wein, ein dem Gott Bacchus geweihtes, berauschendes Getränk. Der Zyklop erlaubt den Griechen, von den Trauben zu ernten, sie auszutreten und zu gären. Dann läßt er sich eimerweise den gärenden Most reichen und fällt bald berauscht in den Schlaf. Die Griechen nutzen die Gunst der Stunde, blenden sein eines Auge und entkommen so der Gefangenschaft des wild tobenden Wüstlings.

Der griechische Tragödiendichter Euripides (ca. 480–406 v. Chr.) greift diese Szene der Odyssee auf und gibt in seiner Dichtung „Der Zyklop" das folgende Zwiegespräch wieder, mit dem Odysseus den barbarischen Riesen animiert, noch mehr vom süßen Wein zu trinken.

Odysseus: Hör her, Zyklop, ich bin mit diesem Bacchus recht vertraut, von dem ich dir zu trinken gab.

Zyklop: Der Bacchus, warum wird er denn als Gott verehrt?

Odysseus: Er ist den Menschen der größte Freudenquell des Lebens.

Der Wein erfreue des Menschen Herz

Nahezu 500mal ist in der Bibel von Wein und Reben die Rede. Das erste Buch Moses berichtet, daß Noah, nachdem er mit seiner Arche der Sintflut entkommen war, Ackersmann wurde und Reben pflanzte. Es schildert auch die böse Überraschung, die Noah erlebte, als er von seinem vergorenen Rebensaft trank. Das Alte Testament warnt mehrfach vor dem unmäßigen Gebrauch des Weines, unter anderem mit den Worten: „Trinket Wein, aber mit Maßen; gebraucht ihn, aber mißbraucht ihn nicht." Es überliefert uns aber auch das Wort des weisen Salomo: „Der Wein erfreue des Menschen Herz." In der Apostelgeschichte schreibt der hl. Paulus seinem Jünger Thimotheus, dem Bischof von Ephesus: „Trinke nicht mehr bloß Wasser, sondern genieße etwas Wein, um deines Magens und deiner öfteren Kränklichkeiten wegen." Andererseits mahnt Paulus aber auch in zweien seiner Briefe die jungen Gemeinden in Ephesus und Rom vor dem unmäßigen Weingenuß.

Mehrmals spricht auch Christus von Reben und Wein. In einem seiner Gleichnisse hat er die Winzerarbeit und das Leben des Rebstockes für einen sehr einprägsamen, sinnreichen Vergleich gebraucht und dabei sich selbst mit dem Rebstock identifiziert, wenn er sagt: „Ich bin der wahre Weinstock, und mein Vater ist der Winzer. Einen jeden Rebtrieb an mir, der nicht Frucht bringt, wird er wegschneiden und einen jeden, der Frucht bringt, wird er reinigen, daß er mehr Frucht bringe." (Joh. 15) Oder an anderer Stelle: „Das Himmelreich ist gleich einem Hausvater, der am

Morgen ausging, Arbeiter zu mieten für seinen Weinberg." (Matth. 20) Erinnern wir uns auch daran, daß Christus das erste Wunder, das er auf Erden wirkte, mit Wein getan hat, als er bei der Hochzeit zu Kana Wasser in Wein verwandelte. Bei der Einsetzung des Abendmahls hat Christus dann den Wein zu höchster Bedeutung erhoben.
Weitere Literatur: (1) bis (12).

Die Hochzeit zu Kana, Gemälde von Gerard David (1450–1523) Paris, Louvre. Das erste Wunder, das Christus auf Erden wirkte, hat er mit Wein getan.

2. Der Wein in der Geschichte der Medizin

Eine Tontafel, die 1910 in der Nähe von Babylon gefunden wurde, gibt in Keilschrift die Rezepte eines sumerischen Arztes wieder, der um 2200 v. Chr. lebte. Dieses älteste Medizindokument, das die Archäologen bis heute entdeckten, erwähnt auch bereits den Wein. Er diente den Ärzten und heilkundigen Priestern des antiken Zweistromlandes als Lösungsmittel für viele Heilkräuter und zum Anrühren von Salben. Der Wein wurde im Altertum auch zur Linderung von Operations- und Geburtsschmerzen und zur Desinfektion von Wunden verwendet. Denken wir an den biblischen Bericht vom Barmherzigen Samariter, der den wundgeschlagenen Kaufmann in Pflege nahm! Wie heißt es da: „Er goß Öl und Wein in seine Wunden." Wohl zu Recht wird im Talmud, dem nachbiblischen Lehrbuch des jüdischen Glaubens, der Wein als älteste Medizin bezeichnet.

Wein – sinnvoll und im rechten Maß

Die Ärzte des antiken Griechenlands vollzogen die Wende von der mystischen Priestermedizin hin zur systematischen, naturwissenschaftlich begründeten Heilkunde. Der „Ärztevater" Hippokrates (460–377 v. Chr.), der die Ärzte für den Dienst am Leben und gegen die Tötung von Leben vereidigte, hat über den Wein geschrieben: „Der Wein ist ein Ding, in wunderbarer Weise für den Menschen geeignet, vorausgesetzt, daß er bei guter und schlechter Gesundheit sinnvoll und im rechten Maß verwandt wird, übereinstimmend mit der Verfassung der einzelnen Person." Diese Quintessenz des antiken Wissens um die therapeutische Bedeutung des Weines können wir auch heute noch voll unterstreichen. Hippokrates und die Schüler seiner berühmten Schule verwendeten mit Wasser verdünnten Wein als fiebersenkendes und stärkendes Mittel und verordneten den Wein vor allem gegen Störungen der Verdauungsorgane. Sie erforschten die Weinwirkungen bei den verschiedenen Erkrankungen ihrer Patienten und versuchten erstmals, die guten Erfahrungen, die die Ärzte mit der Weinanwendung gemacht hatten, wissenschaftlich zu ergründen und zu festigen. In den Gesundheitsvorschriften des griechischen Philosophen Plutarch, der im ersten Jahrhundert n. Chr. lebte, ist der Satz zu lesen: „Der Wein ist unter den Getränken das nützlichste, unter den Arzneien die schmackhafteste und unter den Nahrungsmitteln das angenehmste."

Der römische Arzt Galenus, nach Hippokrates die zweite große Arztpersönlichkeit des Altertums, untersuchte die therapeutischen Wirkungen verschiedener Weinarten und Herkünfte des römischen Reiches. Mit Sabinerwein und Pfeffer kurierte er erfolgreich den römischen Kaiser Marcus Aurelius von einem Brechdurchfall. Galenus machte Aufschläge, Massagen und Einreibungen mit Wein und verband mit weingetränkten Tüchern die Wunden der römischen Gladiatoren. In der antiken Chirurgie war der Wein das einzige Antiseptikum, das Wundinfektionen verhindern konnte.

Der römische Schriftsteller Gaius Plinius Secundus (24–79 n. Chr.) hat in seiner Enzyklopädie der antiken Naturwissenschaften nicht nur Belehrungen über den praktischen Weinbau, sondern auch viele Rezepte und therapeutische Ratschläge für Medizinalweine gegeben.

Der hl. Augustinus (354–430 n. Chr.), der offenbar ein guter Kenner der Weinwirkungen war, pries den Wein mit den Worten: „In vielen Fällen braucht der Mensch den Wein. Er stärkt den schwachen Magen, erfrischt die ermatteten Kräfte, heilt die Wunden an Leib und Seele, verscheucht Trübsal und Traurigkeit, verjagt die Müdigkeit der Seele, bringt Freude und entfacht unter Freunden die Lust am Gespräch."

Schutz vor Infektionskrankheiten der Verdauungsorgane

Gaius Julius Cäsar befahl seinen Soldaten, auf den Feldzügen täglich die zugewiesene Weinration zu trinken. So konnte er seine Armeen, die ja Wasser oft aus unhygienischen Quellen schöpfen mußten, vor Typhus, Paratyphus, Ruhr und Cholera schützen. Mit diesem Trinkbefehl betrat Cäsar allerdings kein Neuland. Schon der persische König Kyros hatte während des berühmten Feldzugs gegen seinen Bruder Artaxerces (401 v. Chr.) gute Erfahrungen mit der hygienischen Wirkung des Weines gemacht. Berichte, nach denen in früheren Jahrhunderten verheerende Epidemien durch den obrigkeitlich verordneten Weinkonsum gestoppt werden konnten, sind durchaus glaubwürdig. Die spanische Armada soll Weinvorräte mitgeführt haben, die mitunter doppelt so groß waren wie die Wasservorräte der Schiffe. Auch Napoleon verordnete seinen Soldaten das Weintrinken. Noch im Zweiten Weltkrieg gehörte ein Quantum Rotwein zur täglichen Ration der italienischen Soldaten.

Die Wirkung des Weines gegen infektiöse Darmkrankheiten brachte die europäischen Kulturreben schließlich auf andere Kontinente, auch auf die Südhalbkugel der Erde, wo es von Natur aus keine Reben gibt. Jahrhundertelang konkurrierten Portugiesen, Spanier und Holländer in der Handels–Schiffahrt um das Kap der Guten Hoffnung nach Ostindien. Die schwierigste Hürde für die Segelschiffe der damaligen Zeit war die Durchquerung der windarmen Meeresbreiten am Äquator. Wochenlang lagen die Schiffe oft in windstillen Gewässern fest. Die Vorräte an frischem Obst und Gemüse waren bald erschöpft. Vitaminmangel kennzeichnete die einseitige Ernährung. Auf den holländischen Schiffen brachen Infektionskrankheiten der Verdauungsorgane aus, denen die fehlernährten und geschwächten Seeleute schnell zum Opfer fielen. Täglich wurden die Leichen mehrerer Matrosen über Bord geworfen. Sie trieben tagelang auf dem windstillen Meer. Nur wenige Seemeilen entfernt lagen Schiffe der Portugiesen und Spanier fest. Doch dort waren keine Toten zu beklagen. Warum? Die Antwort ist einfach. Im Gegensatz zu den Holländern betrieben die Portugiesen und Spanier Weinbau. Sie kannten die hygienischen und diätetischen Wirkungen des Weines und hatten genügend Vorrat an Bord.

Diese leidvolle Erfahrung veranlaßte die holländischen Seefahrer, sich an ihrem Stützpunkt am Kap der Guten Hoffnung eigene Rebgärten anzulegen. Johan van Riebeeck, der erste Gouverneur des Kaplandes, ließ dort 1656 die ersten Reben pflanzen, und drei Jahre später, am 2. Februar 1659, trug er in sein Tagebuch ein: „Heute, Dank sei Gott, wurde erstmals Wein von Trauben des Kaplandes gepreßt." In unseren Tagen ist die Rebfläche am Kap der Guten Hoffnung ebenso groß wie die der Bundesrepublik Deutschland. Seinen Ursprung jedenfalls verdankt der Kap-Weinbau der gesundheitsschützenden Wirkung des Weinkonsums.

Der Wein in der Klostermedizin

Die berühmte Heilige der katholischen Kirche, die Äbtissin und Ärztin Hildegard von Bingen (1089–1179), deren Gebeine in der Pfarrkirche von Rüdesheim-Eibingen inmitten der Rheingauer Weinberge ruhen, spricht in ihrem Werk „Causae et curae" (Krankheitsursachen und Heilverfahren) dem Wein große Heilkräfte zu. Er hilft nach ihrer Erfahrung gegen Magenschmerz, kräftigt die Lunge, beseitigt Verstopfung und wirkt – so die damalige Meinung – als blutbildendes Mittel.

In den mittelalterlichen Klöstern spielte der Wein eine überragende Rolle. Die Ausbreitung des Rebbaus gehörte zweifellos zu den größten Kulturleistungen der Mönche. In vielen Gegenden waren die Klöster die Keimzellen der Rebkultur. Denken wir hier beispielsweise an das berühmte Zisterzienser-Kloster Eberbach im Rheingau! Aber die Klöster waren nicht nur die Pflegestätten des Weinbaus, sondern auch der Alten, Gebrechlichen und Kranken. In der Klostermedizin hatte der Wein deshalb eine zentrale Stellung. Er war für die Kranken Trostspender und Heiltrank zugleich. Schon der heilige Benedikt, der Gründer des Benediktinerordens (480–550), widmete dem Weingenuß in seinen Ordensregeln ein ganzes Kapitel. Den Kranken gestand er eine Hemina, etwa 0,4 Liter, als Tagesration zu. In den klösterlichen Spitälern des Mittelalters wurde jedoch der Wein offenbar großzügiger ausgegeben. Der Kellermeister und die Weinschenken gehörten, wie heute der Anstaltspsychologe, zu den wichtigsten Persönlichkeiten des Spitals. Es klingt fast unglaublich, daß die Insassen des Spitals in Überlingen am Bodensee laut der dortigen Weinordnung täglich $3^{1}/_{5}$ Liter Wein erhalten haben sollen. Aber auch die Mönche, das Dienstpersonal und die Pfleger, alle partizipierten am reichlichen Weinsegen. Es muß in diesen Spitälern eine für unsere Verhältnisse seltsame Weinseligkeit geherrscht haben. Noch heute sind viele geistliche und weltliche Wohlfahrtsstiftungen dem Weinbau verbunden oder sie beziehen sogar aus dem Weinbau einen mehr oder minder großen Teil ihrer Finanzen. Beispiele hierfür sind das Pilgerhospiz in Einsiedeln in der Schweiz, aber auch das Julius-Spital in Würzburg, die Heiliggeiststiftung in Freiburg i. Br. oder das Nicolaus-Kusanus-Stift in Bernkastel an der Mosel.

Irrwege der Therapie – Wein als Zaubertrank und Wundermittel

Aus der Geschichte des Weines gibt es aber auch düstere Kapitel zu berichten. Im Mittelalter gab es in Europa nicht nur Wein im Überfluß, sondern auch recht abergläubische und magische Vorstellungen über seine Heilwirkung. Der Wein wurde nach schauderhaften Rezepturen mit Kräutern, Pulvern und Elixieren gemischt und gegen alles und jedes verordnet. So heißt es im Inhaltsverzeichnis eines

Louis Pasteur:
„Der Wein ist das gesündeste und hygienischste aller Getränke."

Louis Pasteur
(1822–1895)

der berühmte französische Chemiker und Mikrobiologe, erforschte ab 1863 im Auftrag des damaligen französischen Kaisers die Weinbereitung und Weinlagerung. Im erbitterten Gelehrtenstreit mit dem deutschen Chemiker Justus von Liebig führte er den endgültigen Beweis für die mikrobielle Natur der alkoholischen Gärung. Dem Wein hat er das vorn zitierte, sehr positive Zeugnis ausgestellt.

Nach einem Gemälde von Albert Edelfelt.
Archives Photographiques Musée Pasteur, Paris.

1595 erschienenen Traktats des Hof- und Stadtmedicus Johann Wittichius: „Von der arzteneylichen Tugend des Weines, wider alles Leibesübel und phlegmatische Pein der Männer und Weiber, insbesondere für alle Preßhaftigkeit der Organe, der äußeren und der heimblichen Glieder, damit sie wieder munter seyen." Und dann weiter: „Von den Krankheiten des Haupts, wie solchen mit Wein beyzukommen sey." „Von inwendigen Gebresten und wie solche im Wein umbkommen." An anderer Stelle: „Von der jungfrewlichen Krankheit oder Schwachheit und wie ihr mit Wein sey beyzukommen."

Solche abartigen Vorstellungen über die Heilwirkung des Weins gipfelten dann in der Empfehlung mittelalterlicher Ärzte, einmal im Monat solle man sich richtig vollsaufen, denn der tiefe Schlaf und Schweißausbruch reinige den Körper von verbrauchten Lebensgeistern. Von dieser Empfehlung war es dann nicht weit zu der hausgemachten „Weisheit", was einmal im Monat gut sei, sei wohl mehrmals noch besser.

Den größten Mißbrauch des Weines veranlaßte die Reizlehre des Schotten Brown (1735–1788). Selbst Patienten mit schweren inneren Krankheiten wurde groteskerweise verordnet, innerhalb weniger Stunden Unmengen Wein und andere alkoholische Getränke zu trinken. Noch 1803 schreibt ein Medizin-Professor aus Halle, die meisten Ärzte würden den Fehler begehen, daß sie den Wein zu spät und in zu geringer Menge gäben. Für das Fehlschlagen einer solchen Therapie hatte man dann „logischerweise" nur eine Erklärung parat: Der Patient habe eben nicht genug Wein getrunken.

Die bakterientötende Wirkung des Weines

Im Jahre 1892 lieferte der österreichische Arzt Alois Pick in Wien (32) den wissenschaftlichen Beweis für die bakterizide Wirkung des Weines, die man rein empirisch ja schon seit Jahrtausenden kannte. Durch riskante Versuche, die er an sich selbst ausführte, konnte er zeigen, daß mit Choleraerregern verseuchtes Wasser, mit einem Drittel Wein vermischt, fünf Minuten später unbedenklich getrunken werden kann. Diese Versuche bestätigten auch das Urteil, das einige Jahre zuvor der berühmte französische Chemiker und Mikrobiologe Louis Pasteur aufgrund seiner bakteriologischen Studien über den Wein gefällt hatte: „Le vin est la boisson la plus saine et la plus hygienique." Der Wein ist das gesündeste und hygienischste aller Getränke. Louis Pasteur erforschte auf Veranlassung des französischen Kaisers die Weinbereitung und Weinkonservierung und entschied den langjährigen Gelehrtenstreit über das Wesen der alkoholischen Gärung zugunsten einer vitalistisch-mikrobiologischen Gärungstheorie.

Heute wissen wir, daß die bakterientötende Wirkung des Weines dreifach größer sein kann als die einer wäßrigen Alkohollösung von gleichem Alkoholgehalt und daß sie weniger im Alkohol als vielmehr im Gehalt an Gerbstoffen (Tanninen), Farbstoffen und organischen Säuren begründet liegt. Vor allem die Milchsäure, die erst nach der alkoholischen Gärung durch säureabbauende Organismen gebildet wird, hat eine stark bakterizide Wirkung.

Im Weinbad zum Leben

Die Verwendung des Weines in der Hausmedizin blieb fast bis in unsere Tage erhalten. So soll auch Johann Wolfgang v. Goethe bereits unmittelbar nach seinem fast mißglückten Eintritt ins Leben mit dem Wein Bekanntschaft gemacht haben. Seine Mutter berichtete: Da das Kind durch die Ungeschicklichkeit der Amme für tot und ohne Lebenszeichen zur Welt kam, blähte man ihm die Herzgrube mit Wein, bis die Großmutter freudig rief: „Rätin, er lebt!" Angesichts der Tatsache, daß heutige Mediziner derartigen Methoden der Geburtshilfe kaum Glauben schenken, können wir nur hoffen, daß der Dichterfürst uns in seinem Werk „Dichtung und Wahrheit" mehr Wahrheit als Dichtung überliefert hat, wenn er dort schreibt: „So ward ich denn geboren oder vielmehr aus der Mutter herausgezogen, fast wie tot, mit schwarzem krausem Haar. In einem Bad heißen Weines, das einem *anderen* hätte gefährlich werden können, kam *ich* zu Kräften."

Noch 1844 schreibt der berühmte Chemiker Justus von Liebig in seinen Chemischen Briefen: „Vor allem ausgezeichnet durch ein Minimum von schädlicher Nachwirkung sind die edlen Rheinweine und manche Bordeaux–Weine. Es ist kaum glaublich, welche Quantitäten Wein am Rhein von Individuen jeden Alters genossen werden, ohne wahrnehmbare Nachteile für die Gesundheit des Geistes und Körpers. Gicht und Steinkrankheiten sind nirgends seltener als in der von Natur so bevorzugten Gegend des Rheingaus. In keiner Gegend Deutschlands haben die Apotheken einen so niederen Preis als in den reichen Städten des Rheines, denn der Wein gilt dort als die Universalarznei für Gesunde und Kranke, als die Milch für die Greise".

Pillen statt Wein?

Aus der modernen Medizin wurde der Wein fast ganz verdrängt. Unsere heutige Hygiene, bakteriell einwandfreies Trinkwasser und neue Methoden der Konservierung unserer Nahrungsmittel haben in den zivilisierten Ländern die Infektionskrankheiten der Verdauungsorgane weitgehend ausgerottet. Die seit Jahrtausenden bekannte hygienische Schutzwirkung des Weintrinkens mag bestenfalls noch bei Reisen in unterzivilisierte Länder mit fragwürdiger Hygiene von Bedeutung sein. In fast allen Anwendungsfällen wurde der Wein durch Produkte der pharmazeutischen Industrie ersetzt, welche gegen die jeweiligen Krankheiten allerdings auch eine weit spezifischere Wirkung haben und einen gezielteren Einsatz erlauben als der Wein. Einige der Gesundheitsmittel, die meist in Drogerien und Reformhäusern angeboten werden, enthalten allerdings Alkohol in weit höherer Konzentration. So wird zum Beispiel auf dem Etikett eines bekannten Melissengeistes ein Gehalt von 79 Vol. % Äthanol angegeben. Welcher Laie weiß aber, daß Äthanol nur ein anderer Name für Äthylalkohol ist?

Auch die Antialkoholbewegung um die vergangene Jahrhundertwende hat dazu beigetragen, den Wein aus den Therapieregeln der medizinischen Lehrbücher zu verdrängen. Viele (gottlob nicht alle) Ärzte unserer Tage klassifizieren den Wein mit dem schablonenhaften Begriff *Alkohol.* Viele Sozialtherapeuten sehen in ihm nichts anderes als ein Rausch- und Suchtmittel. Man hat den Eindruck, daß in der modernen Schulmedizin die therapeutischen Wirkungen eines angemessenen Weingenusses vollends in Vergessenheit geraten sind. Die heutige Medizin läuft offenbar Gefahr, bezüglich alkoholhaltiger Getränke die ganzheitliche Sicht der Dinge zu verlieren.

Von daher ist es geradezu grotesk, daß nicht wenige derjenigen Ärzte, die alle alkoholhaltigen Getränke und damit auch den Wein verteufeln, ihren Patienten mit leichter Feder jene Seelenpillen aus der Retorte der Pharmaindustrie verordnen, von denen man inzwischen weiß, daß sie leicht zu einer verhängnisvollen Abhängigkeit führen können. „Der Spiegel" berichtete in Heft 35/1988 über die verheerenden Folgen. Danach wurden schon in der „alten" Bundesrepublik jährlich eine halbe Milliarde Benzodiazopin-Tabletten verkauft. Etwa zehn Prozent aller Rentner nehmen dem Bericht zufolge täglich solche chemischen Seelentröster. Ob sie damit glücklicher werden als viele gediegene Weinfreunde, die ihre Entspannung, ihre Ausgeglichenheit und ihre innere Ruhe durch den vernünftigen und mäßigen Genuß eines guten Weines finden? Mehr als eine halbe Million Menschen in der Bundesrepublik galt im Jahr 1988 als abhängig von Tranquilizern. Nicht die Nützlichkeit, sondern die süchtige Abhängigkeit vieler Patienten sei der Grund ihrer weiten Verbreitung, klagte Prof. Kornhuber, Ulm. Der Entzug nach längerer Verwendung führe zu Wahnideen und abgrundtiefer Depression.

Wieviel klüger handelten da doch die Ärzte vergangener Jahrhunderte, die ihren Patienten durch die Verordnung oder Empfehlung einer angemessenen Menge *Wein* halfen, seelische Tiefpunkte zu überwinden. Der maßvolle Weingenuß wirkt depressiven Stimmungen entgegen, ohne die gelöste Seelenruhe in einer großen Verzweiflung enden zu lassen. Aber, der Wein wird halt nicht von der Krankenkasse bezahlt!

Weitere Literatur: (8)

3. Der Wein in unserer Ernährung

Warum eigentlich haben die Menschen unseres abendländischen Kulturkreises schon vor Jahrtausenden die Weinbereitung gepflegt? Warum integrieren noch heute die romanischen Völker den Wein ganz harmonisch in ihre alltägliche Ernährung? Die Antwort auf diese Frage finden wir, wenn wir die Natur selbst betrachten. Die reifen Weintrauben und auch der Traubensaft sind instabile Nahrungsgüter. Man hat erst in der Neuzeit gelernt, sie mit Hilfe der modernen Nahrungsmittel-Technologie zu konservieren. Der Wein ist jedoch bei sachgemäßer Lagerung – anders als Traube und Traubensaft – ein weitgehend stabiles Nahrungsmittel. Schon die ersten weinbautreibenden Menschen haben sich der alkoholischen Gärung zur Stabilisierung des Produktes der Rebe bedient.

Trotzdem ist für die Menschen unserer Zeit der Wein kein Nahrungsmittel im engeren Sinne. Er ist eher die Würze unserer Ernährung. Guter Wein, in einem stilvollen Glase serviert, hebt die Tischkultur. Der zivilisierte Mensch will sich ja bei den Mahlzeiten nicht nur Nahrungsstoffe zur Erhaltung seiner körperlichen Existenz einverleiben, sondern die nötige Nahrung in einer für das Auge ästhetischen und für den Gaumen reizvollen Form zu sich nehmen. Dieses menschliche Bedürfnis zu befriedigen, ist die vornehme Aufgabe der hohen Kochkunst, und zur Kochkunst im weiteren Sinne gehört auch das Geschick, den richtigen Wein zur richtigen Speise zu kredenzen. Die vom Wein unterstrichene Darbietung gepflegter Mahlzeiten hat auch einen physiologischen und psychologischen Sinn. Sie regt Appetit und Verdauung an, steigert das Lebensgefühl und schafft Gelöstsein, Wohlbehagen und Freude. Schon die alten Griechen pflegten beim „Symposion" die festliche Tischgemeinschaft bei Speise und Wein.

Energie aus Alkohol und Weinextrakt

Durch die nüchterne Brille des Ernährungswissenschaftlers betrachtet, stellt sich der Wein in unserer Ernährung allerdings etwas anders dar. Die für die Ernährungsbilanz wichtigen Inhaltsstoffe sind Alkohol und Weinextrakt.

Bisher war es üblich, den Energiegehalt von Nahrungsmitteln in Kalorien anzugeben. Die neue Maßeinheit heißt „Joule". Sie ist noch wenig geläufig. Wir verwenden deshalb beide Einheiten. Ein Gramm reiner Alkohol enthält 7 Kalorien (30 Joule), ein Gramm Weinextrakt wird mit 4 Kalorien (17 Joule) in Rechnung gesetzt. Zum Vergleich: Kohlenhydrate werden mit 4 Kalorien (17 Joule), Fette jedoch mit 9 Kalorien (38 Joule) pro Gramm berechnet.

Der *Äthylalkohol oder Weingeist* entsteht durch die alkoholische Gärung. Die Hefepilze wandeln Zucker in Alkohol und Kohlensäure um. Da der Weingeist rund ein Zehntel des Weinvolumens einnimmt, ist er sowohl prozentual als auch bezüglich der Wirkung auf Körper und Psyche des Menschen der wichtigste Weinbestandteil. Der Alkoholgehalt bestimmt sowohl den Geschmackswert als auch die Haltbarkeit eines Weines. Experimente zur Herstellung alkoholarmer Weine haben gezeigt, daß ein Mindestgehalt an Alkohol erforderlich ist, wenn ein Wein sich geschmacklich harmonisch präsentieren und qualitativ etwas vorstellen soll.

Alkohol ist für unseren Organismus kein fremder Stoff. Er wird natürlicherweise im Magen-Darm-Trakt in sehr kleinen Mengen bei mikrobiellen Verdauungsprozessen gebildet. Ein sehr geringer Alkoholgehalt von 0,02 bis 0,03 Promille im Blut des Menschen gilt als physiologischer Normalzustand. Unsere Leber besitzt daher von Natur aus auch die Fähigkeit, Alkohol abzubauen.

Am Aufbau der menschlichen Körpersubstanz ist der Alkohol nun allerdings nicht beteiligt. Er ist als reiner „Betriebsstoff" oder Energielieferant anzusehen. Andererseits wird Alkohol auch für keinen Stoffwechselvorgang benötigt. Er ist, mit anderen Worten, kein essentieller Nahrungsstoff. Der Mensch kann sehr wohl *ohne* Alkohol leben, andererseits kann er aber auch nicht *vom* Alkohol alleine leben. Letzteres hat zwei Gründe. Der erste Grund ist dieser:

Der erwachsene Mensch braucht täglich zur Unterhaltung der Lebensprozesse seines Körpers ohne jede körperliche Arbeit, also für den sogenannten Grundumsatz, schon mindestens 1600 Kalorien (6688 Joule). Wenn er alleine diese Energie in alkoholischer Form zu sich nehmen wollte, müßte er täglich *230 g Alkohol* konsumieren. Das entspricht dem Alkoholgehalt von etwa 2 1/2 bis 3 Liter Wein! Die Leber des Normalmenschen kann aber maximal nur *200 g Alkohol* in 24 Stunden verarbeiten, und es wäre höchst gefährlich, ihr dies tagtäglich zuzumuten.

Und der zweite Grund: Dem Körper würden beim Versuch, den gesamten Energiebedarf aus den „leeren" Alkoholkalorien zu decken, wichtige Nährstoffe fehlen, z. B. Eiweiß, essentielle Fettsäuren und Vitamine. Unzählige Alkoholiker haben schon den Versuch, vom Alkohol alleine zu leben, mit dem Leben bezahlt.

Der *Weinextrakt* besteht aus dem Zucker und dem *zuckerfreien* Extrakt. Als *zuckerfreier Extrakt* bezeichnet man die unvergärbaren und nicht flüchtigen Inhaltsstoffe des Weines, die organischen Fruchtsäuren, Mineralstoffe und Aromakomponenten, jene Stoffe also, die den Wein auch geschmacklich über ein alkohol- und eventuell zuckerhaltiges Wasser erheben und für unsere Ernährung teils recht nützlich sind.

Die Übersicht auf der nächsten Seite zeigt den Energiegehalt verschiedener Modellweine. Wer täglich eine 0,75-l-Flasche eines Weines gängiger Qualität trinkt, nimmt damit etwa 500 bis 600 Kalorien (2090–2508 Joule) zu sich. Das ist fast ein Viertel des normalen täglichen Bedarfs. Trotzdem braucht der Weinfreund, der mit seinen Pfunden zu kämpfen hat, nicht mit gesenktem Haupt und schuldbelastetem Gewissen einherzugehen. Andere Getränke, wie Bier, Fruchtsäfte, süße Limonaden, oder auch die Milch, enthalten ja auch energiereiche Stoffe und zwar nicht wenig. Wer wird schon so asketisch sein und nur Wasser trinken?

Trocken oder lieblich? Der Energiegehalt ist meist gleich.

Wir wollen hier nicht die leidige Diskussion um liebliche oder trockene Weine anheizen. Nur müssen wir der irrigen Vorstellung entgegentreten, daß trockene Weine generell energieärmer seien als liebliche. Die lieblichen Weine gängiger Qualitäten erhalten ihre Süße dadurch, daß der Kellermeister – wie vom Weingesetz erlaubt – dem durchgegorenen Wein vor der Flaschenfüllung steril gelagerten Traubenmost, die sogenannte Süßreserve, zugibt. Hierdurch wird die ursprüngliche Alkoholkonzentration des Weines verdünnt. Der gesüßte Wein enthält dann weniger Energie in Form von Alkohol, dafür aber mehr Energie in Form von Zucker. Insgesamt bleibt der Energiegehalt aber weitgehend gleich.

Vergleichen wir die Weine 1 und 2 unserer untenstehenden Übersicht! Sie sind aus dem gleichen Lesegut gegoren. Wein Nr. 1 ist als durchgegorener Wein gefüllt. Er enthält nur noch 1 Gramm pro Liter unvergärbaren Zucker. Wein Nr. 2 ist vor der Flaschenfüllung durch Zugabe von Süßreserve auf 20 Gramm pro Liter Zucker eingestellt. Bei insgesammt 480 bzw. 490 Kalorien ist die Differenz im Energiegehalt wahrlich recht gering.

Diabetiker müssen die mit Traubenmost gesüßten Weine meiden, nicht etwa wegen des geringfügig höheren Energiegehaltes, sondern wegen des Gehaltes an Glukose, die überfallartig schnell in die Blutbahn einströmen würde.

Bei hochreifen, edelsüßen Auslesen und Beerenauslesen finden wir jedoch wesentlich höhere Energiewerte. Bei der Beerenauslese, die wir in unserer Übersicht als Beispiel gewählt haben, übertrifft die Energie aus unvergorener Traubensüße und aus zuckerfreiem Extrakt bei weitem die in Form von Alkohol vorhandene Energie.

Energiegehalt von repräsentativen Modellweinen

	1	2	3	4
	Riesling Kabinett		Spätburg. Rotwein Qualitätswein	Riesling Beerenauslese
	trocken	lieblich	trocken	
Analysedaten				
Alkohol g/l (Vol. %)	76 (9,6)	67 (8,5)	92 (11,7)	79 (10,0)
Zucker g/l	1	20	4	128
Zuckerfreier Extrakt g/l	26	26	28	43
Eine 0,75-l-Flasche enthält				
Energie in Form von				
Alkohol kcal	399	352	483	415
Zucker kcal	3	60	12	384
Zuckerfreier Extrakt kcal	78	78	84	129
Gesamtenergie				
Kalorien (kcal)	480	490	579	928
Joule (kJ)	2006	2048	2420	3879

Nun beschränkt man sich beim Genuß solcher Dessertweine klugerweise aber auf Likörglas-Quanten. Der hohe Energiegehalt solcher Gewächse kommt also in der täglichen Ernährungsbilanz kaum zum Tragen. Wer wird schon eine ganze Flasche einer edlen Beerenauslese hintereinander wegtrinken?

Mineralstoffe und Vitamine

Wer den Mineralgehalt von Heilwässern als gesundheitsförderlich anerkennt, sollte den *Mineralgehalt des Weines* zumindest nicht übersehen, denn der Wein enthält Mineralstoffe reichlich und in natürlicher Kombination. Trotzdem sind diese Mineralbestandteile für die menschliche Ernährung nicht von vorrangiger Bedeutung. Unser Bedarf wird mit einer vielseitigen Kost schon ausreichend gedeckt. Der Wein kann zwar zur Deckung beitragen, aber auf die Zufuhr von Mineralstoffen speziell in Form von Wein ist unser Organismus im allgemeinen nicht angewiesen. Es wäre völlig abwegig, die nötigen Mineralstoffe gerade oder gar ausschließlich in Form von Wein aufnehmen zu wollen.

Bestenfalls für die Ernährung alter Menschen können die im Wein enthaltenen Mineralbestandteile recht wertvoll sein, denn im Alter verarmt unser Körper an Mineralstoffen, und gleichzeitig wird die Aufnahme aus der altersbedingt verminderten Nahrungsmenge erschwert. Der Wein bietet diese Bestandteile in leicht aufnehmbarer Form und in einem günstigen Mischungsverhältnis an. Er hebt überdies das Wohlbefinden alter Menschen auch auf andere Weise. Er weckt den oft ungenügenden Appetit, fördert die Verdauung und ist dazu noch ein Energiespender. Der Volksmund sagt es einfacher: „Wein ist die Milch der Alten."

Den höchsten *Vitamingehalt* hat der Wein während seiner Entstehung, auf der Stufe des Federweißen. Ein großer Teil dieser Vitamine wird aber während der Gärung von der Hefe verzehrt. Der fertige Wein ist eher arm an Vitaminen, wenn auch Rotweine etwas mehr davon enthalten als Weißweine. Immerhin werden bis zu 12 Vitamine im Wein nachgewiesen. Sie gehören meist der B-Gruppe an. Insgesamt reicht aber der Vitamingehalt des Weines keineswegs aus, um den Bedarf unseres Körpers zu decken. Bestenfalls kann der Wein zur Vitaminbilanz unserer Nahrung positiv beisteuern.

Folgt man allerdings der Auffassung derjenigen Wissenschaftler, die den Gerb- und Farbstoffen des Weines, den Flavonoiden, Anthocyanen, Leukoanthocyanen und Katechinen die Rolle eines Vitamin P zuweisen (72), so wäre der Wein speziell mit diesem Vitamin sehr reich ausgestattet. Auf diese strittige „Vitamin-P-Frage" kommen wir später zurück.

Wer regelmäßig ausgiebig Wein trinkt und die Weinkalorien - wie es ratsam ist - an der übrigen Nahrung einspart, sollte auf eine gute Vitaminversorgung aus anderen Nahrungsquellen achten, weil im Falle einer ungünstigen Zusammensetzung der beschränkten Nahrungsmenge die Gefahr der mangelnden Vitaminversorgung besteht.

Wichtig beim Weingenuß – die richtige Grundlage im Magen

Zum Wein sollte man etwas essen. Dies ist wichtig für die Bekömmlichkeit. Ein kleines Glas Wein *vor* der Mahlzeit – als Aperitif genossen – regt Appetit und Verdauung an. Größere Weinmengen, in den nüchternen Magen getrunken, reizen jedoch die Magenschleimhäute und können eine Magen- und Gallenverstimmung auslösen. Dies gilt besonders für säurereiche Weine, aber auch für sehr gerbstoffhaltige Rotweine. Zu den Mahlzeiten und nach den Mahlzeiten genossen fördert der Wein die Verdauung. Er wird deshalb gerade alten Menschen, die unter träger Verdauung leiden, ärztlich empfohlen. Aus dem gefüllten Magen wird der Alkohol langsamer resorbiert. Der Wein bekommt besser und steigt nicht so schnell zu Kopf.

Doch die richtige Grundlage zum Weingenuß ist nicht nur eine Frage der langsameren Alkoholwirkung. Wer größere Weinmengen in den leeren Magen trinkt, kann damit eine Hypoglykämie, eine Absenkung des Blutzuckerspiegels unter den Normalwert, provozieren und als Folge davon eine Störung des Energiestoffwechsels. Wer eine solche Ernährungssünde am Abend begeht und sich mit speiseleerem aber weingeschwängertem Magen ins Bett legt, wird die Symptome des Blutzuckerabfalls in nächtlicher Unruhe, Schweißausbruch und Pulsbeschleunigung zu spüren bekommen. Folge eines „Saufexzesses" bei nüchternem Magen kann sogar ein hypoglykämisches Koma sein. Glücklicherweise weckt aber das Weintrinken bei leerem Magen ein derartiges Hungergefühl, daß man dem natürlichen Bedürfnis nach einem kräftigen Imbiß kaum widerstehen kann. Aus eben diesem Grunde muß man auch davon abraten, bei Fastenkuren Wein zu trinken. Das entstehende Hungergefühl würde das Durchhalten zur Qual machen und dazu verleiten, eiserne Vorsätze umzustoßen.

Anders liegen die Dinge bei einer Reduktionskost. Hier kann ein Glas Wein den strengen Diätfahrplan etwas lockern und über Stimmungstiefs hinweghelfen, ohne die Kalorienbilanz ganz über den Haufen zu werfen. In einigen Diätprogrammen, so beispielsweise bei der Schroth-Kur, sind kleine Weinmengen bewußt eingebaut.

Wer täglich ein 0,75-l-Flasche Wein trinkt, nimmt damit etwa 500 bis 600 Kalorien, also fast ein Viertel des normalen täglichen Bedarfs in Form von Wein zu sich. Zwar wird ein Teil dieser Kalorien durch die nach dem Alkoholgenuß erhöhte Wärmeabgabe des Körpers verbraucht. Trotzdem dürfen die Weinkalorien nicht unbeachtet bleiben. Wenn nun für den Weingenuß die bereits empfohlene gute Grundlage im Magen geschaffen werden soll, besteht für den Betreffenden die Gefahr der Überernährung, zumal ja der Wein auch zusätzlich Appetit macht und zum Weiteressen reizt. Wer bei bereits gegebenem Übergewicht die Kalorien des Weines in seinem Speiseplan einfach ignoriert, steuert in die Fettleibigkeit und baut damit verschiedene Risiken für seine Gesundheit auf. Der Übergewichtige, der regelmäßig und reichlich Wein trinkt, muß die Kalorien des Weines durch eine ausgeklügelte Ernährung kompensieren oder besser noch mit allen gebotenen Mitteln sein Übergewicht abbauen.

Folglich ist es durchaus nicht einerlei, wie und was man zum Wein ißt. Zu empfehlen ist eine einfache, gemischte, vitaminreiche Kost mit viel Eiweiß, etwas Kohlehydraten und wenig Fett. Fettreiche Nahrung verzögert zwar sehr stark die Alkoholaufnahme im Verdauungstrakt, ist aber wegen des hohen Kalorienwertes und des geringen Mineralstoff- und Vitamingehaltes nicht zu empfehlen. Ein weingerechter Speiseplan sollte viel tierisches und pflanzliches Eiweiß enthalten, also mageres Fleisch, Fisch, Eier, Magerquark, fettarmen Käse, Hülsenfrüchte, außerdem Kohlehydrate, im günstigsten Fall aus Vollkornbrot oder Haferflocken, Gemüse, Obst und verschiedene Salate. Wichtig ist vor allem, für eine reichliche Zufuhr von Vitaminen zu sorgen. Vitamin B1 (Thiamin) wird für den Alkoholabbau in der Leber speziell benötigt, deshalb unser Hinweis auf Vollkornbrot und Haferflocken. Günstig ist auch, bei abendlichem Weingenuß die Abendmahlzeit auf zwei bis drei Portionen über den Abend zu verteilen.

Wie wichtig eine vollwertige Ernährung für die Bekömmlichkeit des Weines ist, zeigen Tierexperimente, bei denen trotz der chronischen Zufuhr hoher Alkoholmengen Leberschäden verhütet werden konnten, wenn den Versuchstieren gleichzeitig alle wichtigen Nährstoffe im optimalen Verhältnis gefüttert wurden. Bei Ratten mit bereits geschädigter Leber konnte sogar, trotz der fortlaufenden Verabreichung hoher Alkoholmengen, die Leberfunktion durch gleichzeitige Verabreichung einer solchen „Superdiät" normalisiert werden (33). Diese Versuchsergebnisse blieben zwar in der wissenschaftlichen Diskussion nicht unangefochten, sie gaben aber zu der Vermutung Anlaß, daß die Lebererkrankungen bei chronischen Alkoholikern mehr durch Fehlernährung als durch die Schadwirkung des Alkohols verursacht sein könnten. Wie dem auch sei: Der Hinweis auf diese Tierversuche soll niemanden ermuntern, ausufernd Wein zu trinken und dann darauf zu vertrauen, daß eine optimale Diät die bösen Folgen aufhalten könne. Er soll lediglich dem Weinfreund die Wichtigkeit einer harmonischen, ausgeglichenen und vielseitigen Ernährung nochmals verdeutlichen.

Diabetiker und Weingenuß

Vor der Entdeckung des Insulins wurde Alkohol und vorzugsweise Wein wegen seiner pharmako-dynamischen Wirkung für unentbehrlich bei der Behandlung der Zuckerkrankheit gehalten. So schrieb der berühmte Kliniker Professor von Leyden: „Bei allen schweren Formen der Glykosurie kann man den Alkohol nicht entbehren. Er wird zu einem um so wichtigeren Hilfsmittel, je mehr die Kohlenhydrate ausfallen . . . Auch wird durch dreiste Gaben Alkohol manchmal die Menge der Acetonkörper vermindert . . . Ebenso unentbehrlich wie bei starker oder vollständiger Beschränkung der Kohlenhydrate ist der Alkohol bei Herzschwächezuständen, die sich so häufig in den Verlauf eines Diabetes einschieben. Nicht minder gilt dies für drohendes Coma diabeticum . . . Wieviel Alkohol zu geben ist, läßt sich natürlich nicht allgemein gültig beantworten. Als Durchschnitt möchte ich für den Erwachsenen 1/2 bis 1/1 Flasche guten reinen weißen oder roten Tischwein empfehlen" (35).

Solche Empfehlungen gehören heute der Vergangenheit an. Die moderne Pharmaindustrie gibt dem Arzt bessere und gezielter wirkende Mittel zur Behandlung des Zuckerkranken an die Hand. Dies ist jedoch in den meisten Fällen kein

Grund, dem Diabetiker, der sich ja schon so viele Entbehrungen auferlegen muß, auch noch den Weingenuß zu verbieten. Der Diabetiker muß eine Diät einhalten, die eine energiemäßig knappe, aber biologisch hochwertige Ernährung mit viel Eiweiß und Vitaminen gewährleistet. In seiner Nahrung sind die Kohlenhydrate begrenzt. Sie müssen in kleinen Rationen und in langsam resorbierbarer Form aufgenommen werden; vorzugsweise als dunkles Brot und Kartoffeln. Es ist unter allen Umständen zu vermeiden, daß der Organismus zu schnell mit Glukose überflutet wird.

Der Zuckerkranke muß somit süße Weine meiden, weil diese einen Teil des unvergorenen Zuckers in Form von Glukose enthalten und diese Glukose im insulinabhängigen Stoffwechsel verwertet werden muß. In vielen Fällen einer leichten Erkrankung wird es genügen, wenn der Diabetiker nur trockene Weine trinkt. Trockene Weine dürfen nach dem deutschen Weingesetz maximal 9 Gramm pro Liter unvergorenen Zucker enthalten, wovon dann weniger als die Hälfte als Glukose vorliegt. Wir müssen an dieser Stelle jedoch darauf hinweisen, daß die Bezeichnung „trocken" bei Sekt und Schaumwein anders geregelt ist. Generell sind bei Sekt und Schaumwein größere Restsüßen üblich als bei Wein. Dies liegt daran, daß der Sekt wegen seines Kohlensäuregehaltes und wegen der niedrigeren Trinktemperatur einen ganz anderen Geschmackseindruck hinterläßt. Ein Sekt, der die Bezeichnung „trocken" führt, darf bis zu 35 Gramm pro Liter Zucker enthalten! Dieser wird, anders als beim Wein, nicht in Form von ungegorenem Traubensaft, sondern als im Dosagelikör gelöster, handelsüblicher Zucker zugegeben. Der Diabetiker sollte beim Sekteinkauf auf die Bezeichnung „extra brut" achten, weil solche Rohsekte praktisch keinen Zucker enthalten. Einige Schaumweinhersteller bieten Diabetikerschaumwein an, der mit Zuckeraustauschstoffen wie Sorbit, Mannit, und Xylose gesüßt ist. Bei der Weinbereitung wäre die Verwendung solcher Stoffe gesetzeswidrig.

Welche Anforderungen an spezielle Diabetikerweine zu stellen sind, ist nach dem deutschen Weingesetz und der Weinverordnung geregelt. Es heißt dort: „Wein, der wegen seiner Beschaffenheit zum Verzehr für Diabetiker geeignet ist, darf auf Behältnissen, deren Verpackung, Getränkekarten sowie Preisangeboten mit den Worten „für Diabetiker geeignet" unter Hinzufügung der Worte „nur nach Befragen des Arztes" gekennzeichnet werden.

Wein ist als zum Verzehr für Diabetiker geeignet anzusehen, wenn er in einem Liter höchstens 4 g unvergorenen Restzucker, als Invertzucker berechnet, und höchstens 40 mg freie und 150 mg gesamte schweflige Säure enthält und höchstens 12° vorhandenen Alkohol aufweist. Bei so gekennzeichnetem Wein müssen auf den Behältnissen

- der Gehalt an unvergorenem Zucker, als Invertzucker berechnet, in g/l,
- der Gehalt an Alkohol in Grad,
- der Brennwert des Alkohols und der physiologische Gesamtbrennwert, jeweils auf einen Liter berechnet, angegeben werden.

Beim Diabetikerwein ist also der Zuckergehalt noch stärker als beim trockenen Wein limitiert. Zusätzlich wurde auch der Gehalt an schwefliger Säure noch strenger als bei den übrigen Weinen geregelt. Über die Notwendigkeit dieser Regelung gehen jedoch die Meinungen auseinander. Prof. Kliewe, früherer Direktor des Hygiene-Instituts der Universität Mainz, schreibt hierzu (23): „Nach unseren Feststellungen spielt jedoch die schweflige Säure auch beim Diabetiker keine nenneswerte Rolle. Die durchgeführten Toxizitätsversuche an Kaninchen und weißen Ratten ergaben, daß sogar 50 mg/l freie und 300 mg/l gesamte schweflige Säure in einem Liter eines Konsumweines die gesunde Leber nicht schädigen." Er fährt an anderer Stelle fort: „Aus diesen Versuchen ergibt sich, daß bei gesetzlich zugelassenen Mengen an schwefliger Säure und bei Genuß einer Flasche eines leichten Weines ein schädlicher Einfluß auf die Leber eines gesunden Menschen nicht zu erwarten ist."

Nun gibt es allerdings verschieden schwere Formen von Diabetes. Der behandelnde Arzt wird in jedem einzelnen Fall abwägen und entscheiden müssen, ob und wieviel Wein der einzelne Patient trinken darf. Aus diesem Grunde regelt auch die Weinverordnung, daß auf dem Etikett des Diabetikerweines die Angabe „für Diabetiker geeignet" unter Hinzufügung der Worte „nur nach Befragen des Arztes" zu erscheinen hat. Ein Kriterium für die ärztliche Entscheidung ist der Kaloriengehalt des Weines (vergl. S. 22), der bei der Diätberechnung auf alle Fälle zu berücksichtigen ist.

Nach allgemeiner heutiger Auffassung kann der normalgewichtige, gut eingestellte Diabetiker durchaus eine Alkoholmenge vertragen, wie sie in einem Viertelliter eines leichteren Normalweines enthalten ist. Größere Mengen wird der Arzt nur in leichten Fällen der Diabetes gestatten. Wo es nicht medizinisch dringend geboten ist, sollte der Arzt aber dem Diabetes-Patienten das tägliche Viertele nicht verbieten, um ihm nicht auch noch dieses Stückchen Lebensfreude zu nehmen. Größere Alkoholmengen oder gar Alkoholexzesse sind aber auf alle Fälle für den Zuckerkranken gefährlich, weil sie die diabetischen Stoffwechselstörungen verstärken, ferner weil die Neigung zur Acetonbildung begünstigt und die Insulinbildung gestört werden kann.

Absolutes Alkoholverbot ist unvermeidlich in den schwersten Fällen von Diabetes, die mit Übergewicht, Leberverfettung und Leberentzündung einhergehen.

Weitere Literatur: (17), (38)

4. Aufnahme und Abbau des Weingeistes im menschlichen Organismus

Im Sinne der Chemie ist Alkohol etwas anderes als im allgemeinen Sprachgebrauch. Zur chemischen Stoffgruppe der Alkohole gehört der giftige Holzgeist (Methanol) ebenso wie das Glycerin, welches man zur Herstellung des Sprengstoffs Dynamit verwenden kann. Der in Mengen von 9 bis 12 Vol.% im Wein enthaltene Alkohol ist chemisch Äthylalkohol, Äthanol oder einfach *Weingeist*. Es ist der Alkohol, der für den Menschen in Grenzen verträglich ist und den die Umgangssprache als Alkohol schlechthin kennt.

Das Wort Alkohol entstammt der arabischen Sprache. Es bedeutet so viel wie „das Feinste, das Gute, das Wesentliche einer Sache". Vom prozentualen Mengenverhältnis her betrachtet, sind die 9 bis 12 Vol.% Alkohol am Wein zwar nicht das Wichtigste, wohl aber von der Wirkung auf Psyche und Körper des Menschen. Wir wollen in diesem Kapitel der Frage nachgehen, wie beim Weingenuß der Weingeist von unserem Organismus aufgenommen wird und was er damit anfängt.

Äthylalkohol ist, wie wir schon erwähnt haben, für unseren Körper kein fremder Stoff. Er entsteht in kleinsten Mengen bei mikrobiellen Verdauungsprozessen im Darm. Unsere Leber hat daher von Natur aus die Fähigkeit, mit begrenzten Mengen Äthylalkohol fertig zu werden.

Die Aufnahme im Verdauungstrakt

Im Gegensatz zu anderen Nahrungsstoffen wie Fett, Eiweiß und Kohlehydrate braucht der Alkohol nicht verdaut zu werden. Er wird völlig mühelos über die Schleimhäute des Verdauungstraktes von den Lippen bis zum Enddarm aufgenommen und mit dem Blut im ganzen Körper verteilt. Selbst bei einer Verabreichung durch den After hindurch würde der Alkohol im Enddarm leicht resorbiert. Diese Tatsache soll hier nur als medizinisches Faktum erwähnt sein. Der kultivierte Weingenießer, der seinen Wein langsam verkostet und ihn mit den Geschmackspapillen im Munde lange in Berührung hält, nimmt bis zu 20 Prozent des Alkohols durch die Mundschleimhäute auf. Wer den Wein barbarisch hinunterschüttet, überläßt die Alkoholaufnahme ganz dem Magen-Darm-Trakt. Dort wiederum wird der kleinere Teil des Weingeistes von der Magenschleimhaut resorbiert, der Löwenanteil geht durch den Dünndarm mit seiner viel größeren Kontaktfläche in das Blut über.

Die Geschwindigkeit der Alkoholaufnahme ist eine Frage der Temperatur und der Alkoholkonzentration des Weines, aber auch der Durchblutung der Schleimhäute. Aus Glühwein kann der Alkohol schneller aufgenommen werden als aus kalten Getränken. Kohlensäuregas in Sekt und Perlwein läßt den Alkohol rascher in das Blut übertreten. Andererseits ziehen die in typischen Rotweinen enthaltenen Gerbstoffe (Tannine) die Schleimhäute zusammen und verzögern dadurch etwas die Alkoholaufnahme. Am wesentlichsten für die Geschwindigkeit des Übertritts des Alkohols in das Blut ist der Füllungsgrad von Magen und Darm. Bei leerem

Magen verläuft die Aufnahme besonders schnell, nämlich innerhalb von 15 bis 30 Minuten. Entsprechend ist die Wirkung. Bei vollem Magen und zur Mahlzeit genossen, wird ein Teil des Alkohols im Speisebrei zurückgehalten und erst mit der Verdauung in das Blut abgegeben. Die Aufnahme wird auf eine bis drei Stunden verzögert. Scharf gewürzte, eiweißreiche und fettreiche Speisen verzögern die Aufnahme besonders stark. Die alte Losung rheinischer Weinfeste, die da lautet: „Weck, Worscht un Woi", ist im Sinne der Bekömmlichkeit des Weines sicher recht klug. Allerdings wird sich nur ein Schwerarbeiter auf Dauer eine fettreiche Kost beim Wein leisten können. Es ist auf alle Fälle eine gute und sinnvolle Sitte, Wein zu den Mahlzeiten und nach den Mahlzeiten zu genießen. Sich bei Zechereien durch gleichzeitigen Genuß von Eiern, Milch und Milchprodukten vor Trunkenheit zu schützen, ist bei den Eingeweihten der Weinbranche ein bekannter Trick.

Wie sehr die gute Grundlage im Magen beim Weingenuß den Blutalkoholspiegel beeinflußt, zeigt eine Untersuchung, die Herbich und Prokop 1963 in Wien veröffentlichten (18). Sie bildeten drei Gruppen von Versuchspersonen und ließen diese Wein trinken,

a) auf nüchternen Magen
b) nach einem Imbiß von 400 Kalorien
c) nach einer Mahlzeit von 1000 Kalorien.

Die Kost war einheitlich zusammengesetzt und enthielt Kohlehydrate, Eiweiß und Fett im Verhältnis 4:1:1. Die Versuchspersonen erhielten 0,85 bis 0,90 g Alkohol pro kg Körpergewicht in Form von Wein. Das entspricht etwa einer 0,75 l Flasche eines normalen deutschen Tischweines für einen Mann von mittlerem Gewicht. Den Testpersonen wurden dann in vier zeitlichen Abständen nach Ende des Weingenusses Blutproben zur Feststellung des Alkoholspiegels entnommen. Das Ergebnis dieses Experiments ist der untenstehenden Grafik zu entnehmen. Bei

---

Die Bedeutung des Füllungsgrades des Magens für den Verlauf der Blutalkoholkonzentration (aus Schmitt [39] nach Herbich u. Prokop [18]).

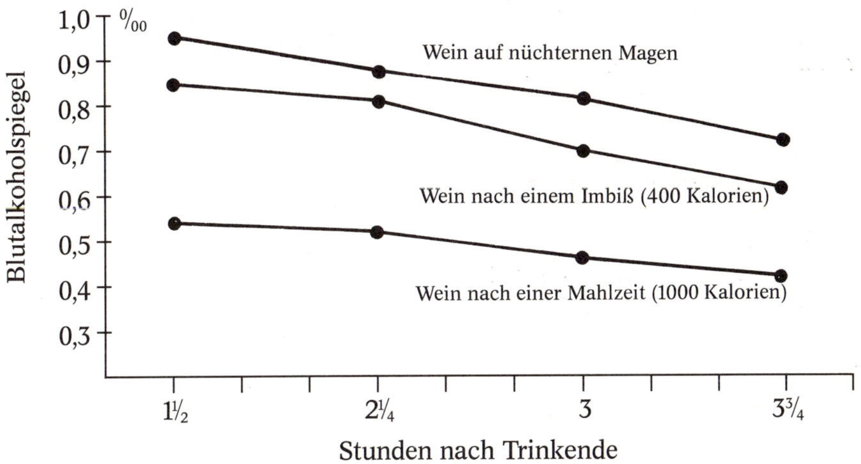

Wein in den nüchternen Magen lag noch drei Stunden nach Trinkende der Alkoholspiegel knapp über der magischen 0,8 Promille–Grenze. Bei Wein nach einem 400 Kalorien–Imbiß war der Alkoholspiegel schon nach 2 Stunden 45 Minuten auf diesen Schwellenwert gesenkt. Bei Wein nach einer vollen Mahlzeit wurde der kritische 0,8 Promille-Wert wahrscheinlich auch in den ersten 1½ Stunde nach dem Trinken nicht überschritten.

Die Verteilung des Alkohols im Körper

Das Blut nimmt den Alkohol an den Schleimhäuten des Verdauungstraktes auf und transportiert ihn zu allen Organen des Körpers. In wasserarme Gewebe, etwa in die Knochen, und andererseits in besonders fettreiche Gewebe dringt weniger Alkohol ein als in stark wasserhaltige Organe oder Körperflüssigkeiten. Wenn das Blut 1,0 Promille Alkohol enthält, findet man in den Muskeln nur 0,8 Promille, im Gehirn nur 0,7 Promille, im Hirnwasser und im Urin jedoch 1,2 Promille. Interessant ist die Tatsache, daß nach Weingenuß der Alkoholgehalt des Urins 20 Prozent, nach anderen Angaben sogar bis zu 30 Prozent höher liegt als der Alkoholgehalt des Blutes. Diese Erkenntnis ist in Polizeikreisen gottlob noch unbekannt. Man stelle sich mit einiger Phantasie bildlich vor, wie sehr die Überführung von Alkohol-Verkehrssündern bei diskreter Handhabung und taktvollem Vorgehen der Polizeibeamten vereinfacht werden könnte.

Abbau und Ausscheidung des Alkohols

Ein Teil des konsumierten Weingeistes wird mit der Atemluft ausgehaucht. Die bekannte Alkoholfahne des Betrunkenen macht dies glaubhaft und das Blasröhrchen bei der Polizeikontrolle macht es sogar sichtbar. Bei körperlicher Ruhe ist die so ausgeschiedene Alkoholmenge gering (0,5 bis 1,0 Prozent). Jede Anstrengung der Lungen kann die Ausscheidung bis zu 5 Prozent oder im Extremfall sogar bis zu 10 Prozent der aufgenommenen Alkoholmenge steigern. Kräftiges Singen in weinfroher Runde entlastet also die Leber, ebenso das Musizieren mit möglichst großkalibrigen Blasinstrumenten. Beides ist aber nur ratsam, wo am Platze.

Man weiß ferner, daß Alkohol auch über den Körperschweiß ausgesondert wird. Die Angaben hierzu sind unsicher und schwanken zwischen einem und fünf Prozent der konsumierten Menge. Die höheren Werte können natürlich nur bei körperlicher Anstrengung zutreffen. Auch mit dem Urin werden zwei bis drei Prozent des Alkohols abgegeben, zumal das Weintrinken ja auch harntreibend wirkt. Insgesamt dürften jedoch nicht mehr als fünf bis zehn Prozent des mit Wein konsumierten Alkohols über Atemluft, Schweiß und Urin ausgeschieden werden.

Begrenzte Belastbarkeit der Leber

Den Löwenanteil, also rund neun Zehntel des aufgenommenen Weingeistes, muß die Leber abbauen. Sie ist bekanntlich das chemische Zentrallaboratorium des menschlichen Körpers. Sie wiegt nur etwa 1500 g und vollbringt trotzdem, auf engstem Raum unter dem rechten Rippenbogen versteckt, geradezu bewundernswerte

Leistungen. Der Abbau des Alkohols ist nur eine ihrer Aufgaben und nicht einmal die wichtigste. Die Leistungsfähigkeit der Leber aber ist begrenzt. Wenn sie jahrelang mit Übermengen von Alkohol malträtiert wird, beginnt sie zu streiken. Die volkstümliche Warnung, daß der Mensch zwar zwei Nieren, aber nur eine Leber habe, sollte man sehr ernst nehmen. Derbe Kraftsprüche, die glauben machen wollen, man könne, wenn die Leber einmal ruiniert ist, „auf der Milz weitersaufen", gehören in die Atmosphäre primitiver, zwielichtiger Kneipen. Solch fataler Unsinn wird einem kultivierten Weinfreund nie über die Lippen kommen.

Was vermag die Leber denn nun beim Alkoholabbau zu leisten und wo liegen ihre Grenzen? Alle Fachautoren geben einheitlich als Faustzahl an, daß die Leber eines erwachsenen, gesunden Mannes 100 mg Alkohol pro kg Körpergewicht und pro Stunde abbauen kann. Für die erwachsene Frau werden meist 85 mg/kg/Std. genannt. Selbstverständlich muß man diese Angaben auf das Körper-Normalgewicht beziehen. Fettleibigkeit kann die Alkohol-Abbaurate nicht steigern. Sicher ist, daß der weibliche Organismus im allgemeinen weniger Alkohol als der Organismus des Mannes verträgt. Dies liegt einerseits am meist geringeren Körpergewicht der Frau und andererseits an der kleineren stündlichen Abbaurate der weiblichen Leber.

Aus den genannten Faustzahlen ergibt sich, daß beispielsweise ein Mann von 80 kg Normalgewicht 80mal 100 mg = 8000 mg = 8 g Alkohol pro Stunde in seiner Leber verarbeiten kann. Der Blutalkoholspiegel sinkt dabei stündlich um etwa 0,15 Promille. Um die Alkoholmenge von einem Liter Wein mit 10 Vol.% Alkohol (= 80 g Alkohol) abzubauen, braucht die Mannesleber im Normalfall immerhin ganze 10 Stunden. Oder anders ausgedrückt: In einer Stunde baut die normale Mannesleber soviel Alkohol ab, wie in einem Zehnteleglas Wein enthalten ist. Multipliziert man nun die stündliche Abbauleistung von 8 g mit den 24 Tagesstunden, so errechnet man eine theoretische, maximale tägliche Abbauleistung von 192 g Alkohol. Aber Vorsicht! Es wäre höchst gefährlich, der Leber einen solchen Kraftakt tagtäglich zuzumuten. Immerhin entsprechen 192 g Alkohol dem Gehalt von etwa $2^{1}/_{4}$ Liter eines normalen deutschen Tischweines.

Die Angaben zur Alkohol-Abbauleistung der Leber sind natürlich nur Faustzahlen, und Faustzahlen geben immer nur mittlere Verhältnisse an. Wie alle biologischen Merkmale zeigt auch die Alkoholtoleranz der Leber individuelle Unterschiede von Person zu Person.

Offenbar kann die Abbauleistung in gewissem Umfang „trainiert" werden; ein gefährliches Training allerdings! Amerikanische Wissenschaftler (83) fanden eine enge Beziehung zwischen der Alkohol-Abbaurate der Leber und dem Alkoholkonsum der Testpersonen. Schwere Trinker hatten eine (statistisch gesichert) höhere Abbauleistung als Abstinente. In einem Experiment, für das sich Insassen einer amerikanischen Strafanstalt freiwillig zur Verfügung stellten, konnte durch viertägigen massiven Whisky-Konsum die Alkohol-Abbauleistung der Leber bei vorher alkoholabstinenten Versuchspersonen deutlich gesteigert werden (82).

Solche Befunde machen auch jene Angaben (33) glaubwürdig, die bei einzelnen Personen von einer täglichen Abbauleistung von 300 bis 400 g Alkohol sprechen. Das entspricht der Alkoholmenge von 4 bis 5 Liter Wein! Derartige „Spitzenleistungen" könnten auch erklären, wieso alten Berichten zufolge besonders trinkfeste Urnaturen in unseren heimischen Weingegenden, ja selbst geistliche Würdenträger, jahrzehntelang fast unglaubliche Mengen Wein tranken und im hohen Alter eine noch funktionstüchtige Leber mit ins Grab nahmen; und dies, ohne daß am Ende ihres Lebens mehr Alkohol als Blut in ihren Adern geflossen wäre.

Wir erwähnen diese kuriosen Geschichten zur Abrundung des Gesagten. Wir sind uns bewußt, daß wir dabei Gefahr laufen, uns die harte Kritik derjenigen Mediziner und Sozialfürsorger zuziehen, die tagtäglich im Kampf gegen den Alkoholismus stehen. Man kann nur mit größter Eindringlichkeit davor warnen, dem Lebensstil und Weinkonsum der oben erwähnten robusten Urnaturen vergangener Zeiten nacheifern zu wollen oder gar die eigene Leber einem bewußten „Alkohol-Abbau-Training" zu unterziehen.

Eine weitere interessante Frage ist, ob es rassisch bedingte Unterschiede der Alkoholverträglichkeit gibt. Prof. Remmer, Tübingen, schreibt hierzu (37), daß Angehörige der mongolischen Rasse den Alkohol generell langsamer verarbeiten (oxidieren) als dies bei anderen Völkern der Fall ist. Die Abbauleistung der Leber könnte also auch erblich bedingt und in gewissem Maße familiengebunden sein. Bei den „Langsam-Oxidierern" werden in der Leber die Enzyme, die den beim Alkoholabbau entstehenden unverträglichen Acetaldehyd zu Essigsäure umbauen, nicht genügend gebildet. Nach Prof. Remmer sind in der weißen Erdbevölkerung europäischen Ursprungs die Langsam-Oxidierer mit 5 bis 20 Prozent vertreten, bei den Mongolen jedoch umgekehrt mit 80 bis 95 Prozent. Eine andere Publikation (86) berichtet, daß Asiaten nach Alkoholkonsum viel häufiger als Europäer unter Blutwallungen, Schwindel, Pulsbeschleunigung und Blutdruckabfall zu leiden haben. Auch amerikanische Autoren (83, 84) erwähnen mehrere Untersuchungen, die glauben, rassenbedingte Unterschiede des Alkoholabbaus nachweisen zu können. Leider sind die Ergebnisse recht widersprüchlich. Einmal wird bei dieser, dann wieder bei jener ethnischen Gruppe die größere Abbauleistung gefunden. Möglicherweise ist das Ganze nur eine Frage des in der jeweiligen Volksgruppe üblichen Alkoholkonsums und damit der mehr oder weniger „trainierten Leber".

Trotz aller Unterschiede in der persönlichen Alkoholverträglichkeit müssen wir festhalten: Der Weingenießer kann den Alkoholabbau seiner Leber weder mit vollem Willenseinsatz noch mit höchster Konzentration seiner Kräfte beeinflussen. Nur die Aufnahme liegt mit der Zahl der „Viertele" in seiner Willensmacht, nicht jedoch der Abbau. Durch schwere körperliche Arbeit und Sport kann man zwar erreichen, daß ein etwas erhöhter Prozentsatz des konsumierten Weingeistes über die Atemluft und den Schweiß ausgeschieden wird. Man kann so auch den Energiebedarf des Körpers gegenüber dem Grundumsatz verdoppeln und verdreifachen. Die Alkohol-Abbaurate in der Leber verändert sich dadurch nicht. Die Leber steuert den Abbau selbständig, völlig automatisch, unbeeinflußbar wie eine Uhr. Anhand einer Blutalkohol-Bestimmung läßt sich deshalb auch der Alkoholspiegel auf die Zeit vor der Blutprobe mit ziemlicher Sicherheit zurückrechnen.

Weit verbreitet ist die irrige Vorstellung, Kaffee fördere den Alkoholabbau. In Wahrheit hat Kaffee darauf keinerlei Einfluß. Er kann bestenfalls den berauschten Kopf vorübergehend etwas auf Vordermann bringen oder die Wirkung des Rausches mildern. Bis heute gibt es auch keine Medikamente, die den Alkohol im Blut schneller verschwinden lassen. Die Ergebnisse eines neueren Versuches, denen zufolge Fruchtzucker zusammen mit Vitamin C solches bewirken könne (39), sind umstritten. Die Fachmediziner warnen: Jeder Versuch eines medikamentösen Eingriffs in das Uhrwerk des Alkoholabbaus verwirrt die Leber mehr, als er nutzt. Man stelle sich vor, welcher Mißbrauch und Raubbau mit der Gesundheit provoziert würde, wenn solche Medikamente frei, vielleicht sogar an der Wirtshaustheke zu haben wären.

Weinflasche aus dem 3. Jahrhundert.
Römisch-Germanisches Museum, Köln.

5. Die Wirkung des Weines auf Psyche und Körper des Menschen

In den vorangehenden Kapiteln haben wir die Stellung des Weines in der menschlichen Ernährung betrachtet und sodann die Aufnahme und den Abbau des Weingeistes in unserem Organismus verfolgt. Wein ist jedoch mehr als ein Nahrungsmittel. Unsere Betrachtung wäre allzu einseitig, wenn wir den Wein nur unter dem Gesichtspunkt des Nährwertes und des Energieumsatzes sehen wollten. Schließlich ist Wein aus der Sicht der nüchternen Ernährungslehre sowohl als Getränk wie auch als Nahrungsmittel entbehrlich. Um den Durst zu stillen, reicht notfalls auch Wasser, und energiereiche Nahrung können wir besser und billiger in anderer Form zu uns nehmen.

Wenn der Wein trotzdem seit Jahrtausenden bei so vielen Völkern als das edelste Getränk gepriesen und geschätzt wird, dann müssen die Ursachen dafür wohl in anderen Eigenschaften des Weines liegen; in Eigenschaften, die teils offenkundig und heute wissenschaftlich erforscht oder bewiesen sind, teils aber auch empirisch als Teil des allgemeinen Volkswissens überliefert werden. Lassen wir dieses überlieferte Volkswissen aus den Worten großer Männer der Vergangenheit sprechen.

Arnold von Villanova (um 1300), mittelalterlicher Leibarzt von Königen und Päpsten, hat über den Wein geschrieben: „Der Wein läßt dem Denken Flügel wachsen". Und an anderer Stelle: „Durch den Wein wird eine reinere Atmosphäre geschaffen, in der die Menschen sich brüderlich vereinen."

Shakespeare schildert uns seine Erfahrungen mit dem Wein in den Worten: „Der Wein macht das Gehirn sinnig, schnell und erfinderisch, voll von lebenden, feurigen und ergötzlichen Gedanken."

Und Johann Wolfgang von Goethe, der ja – von der Geburtsstunde an dem Wein verbunden – zeitlebens ein großer Weinfreund war, drückt seine Erfahrungen so aus: „Der Wein, er erhebt uns, er macht uns zum Herrn und löset die sklavischen Zungen." Oder an anderer Stelle: „Solang man nüchtern ist, gefällt das Schlechte, wie man getrunken hat, weiß man das Rechte." Die kulturschöpferische Bedeutung des Weines würdigt Goethe mit den Worten: „Es liegen im Wein allerdings produktiv machende Kräfte sehr bedeutender Art." Was er damit meint, wird noch deutlicher in seinem Bekenntnis: „Andere verschlafen ihren Rausch, meiner steht auf dem Papier."

Mäßiger Weingenuß und menschliche Psyche

Mäßiger Weingenuß wirkt auf die menschliche Psyche euphorisierend und beruhigend. Kein anderes Getränk kann Spannungen besser lösen und besser einen lebensbejahenden Gleichmut wieder herstellen als der Wein. Er hebt das Persönlichkeitsbewußtsein, ohne, wie die gefährlichen Drogen, den Himmel der Träume in einer Hölle der Verzweiflung enden zu lassen. Dem Wein spricht man wie keinem anderen Getränk eine kulturschöpferische Bedeutung zu. Viele Dichter, Denker,

Philisophen und Komponisten haben sich vom Wein inspirieren lassen, was die obigen Zitate beweisen. Wo wurde je dem Bier und dem Schnaps nachgerühmt, den menschlichen Geist in so großartiger Weise beflügelt zu haben? Der abendländischen Menschheit wäre sicher nicht so viel Positives eingefallen, wenn sie von Anfang an auf Coca-Cola angewiesen gewesen wäre.

Kritiker könnten hier einwenden, daß solche Wirkungen des Weines alleine auf dem Gehalt an Äthylalkohol beruhen und daß man sie ebensogut mit jedem anderen alkoholischen Getränk erzielen könne. Dies trifft aber nicht zu. Der Wein besteht gottlob nicht nur aus Alkohol. Sein Charakter und seine Qualität werden durch zahlreiche Inhaltsstoffe geprägt, und viele dieser Stoffe haben mit großer Wahrscheinlichkeit eigene psychotrope Wirkungen. Warum sonst sollte nach erfahrungsbedingtem Volksglauben ein Ruländer oder ein Spätburgunder-Weißherbst auf die Stimmungslage des Weingenießers anders wirken als ein Gutedel oder Riesling?

Zentrale Symptome bei verschiedenen Blutalkoholkonzentrationen

(in Anlehnung an Moeschlin und Mutschler)

Alkoholkonzentration in mg/ml Blut (= Promille)	Symptome
0,02 - 0,03	Physiologischer Alkoholgehalt Normalzustand
0,5 - 1,0	Gehobene Stimmung, Zwanglosigkeit, Verringerung der Tiefen-Sehschärfe und der Dunkeladaption. Reaktionszeit verlängert. Grenze der Fahrtüchtigkeit bei ca. 0,8 Promille
1,0 - 1,5	Euphorie, Enthemmung, hohe Unfallquote im Straßenverkehr
1,5 - 2,0	Reaktionszeit stark verlängert, Sprach-, Gleichgewichts- und Koordinations- und Sensibilitätsstörungen
2,0 - 2,5	Starker Rauschzustand, Gleichgewichts-, Koordinations- und Sinnesstörungen stärker hervortretend
2,5 - 3,5	Lähmungserscheinungen, grobe Gleichgewichtsstörungen, Bewußtseinstrübung, fehlendes Erinnerungsvermögen
3,5 - 4,0	Tiefes, eventuell tödliches Koma oder Kreislaufschock
4,0 - 5,0	Lebensgefahr

Auch die vielen hundert Aromastoffe wirken in verschiedenster Form auf unsere Psyche. Zur Wahrnehmung dieser Aromastoffe besitzt der Mensch die für Geruchsreize empfindlichen Nervenzellen des Mittelhirns. Diese stehen in direkter Verbindung zum limbischen System, welches das vegetative Nervensystem sowie Emotionen und Triebzustände steuert. Schon der Geruchsreiz eines feinen Weinaromas kann somit positiv auf die Stimmungslage und das Wohlbefinden des Menschen wirken. Trotzdem dürfen wir nicht bestreiten, daß der Weingeist natürlich der wichtigste Inhaltsstoff des Weines ist, wenn es um die Beeinflussung der menschlichen Psyche geht.

Die Übersicht auf Seite 35 zeigt die Wirkung verschiedener Blutalkoholgehalte auf die psychische und nervliche Reaktion des Menschen. Ein sehr geringer Alkoholgehalt von 0,02 bis 0,03 Promille im menschlichen Blut gilt als physiologischer Normalzustand. Eine Beeinflussung der Organfunktionen und des Befindens tritt erst ein, wenn mehr als 0,1 Promille Alkohol im Blut zu finden sind. Bei Werten bis 0,8 Promille spricht man von einem leichten Rausch. Bei 0,5 bis 1,0 Promille verspürt man eine gehobene und euphorisierte Stimmung. Das Zentralnervensystem wird beruhigt und gedämpft und die Erregungsschwelle heraufgesetzt. Der Mensch empfindet sich selbst und seine Umgebung lebhaft und lustbetont. Das Selbstbewußtsein ist gesteigert. Unzufriedenheit wird abgebaut. Die Persönlichkeit ist aufgelockert, Mitteilungsdrang und Redelust wachsen. Angst und Hemmungen werden überwunden.

In bescheidenen Mengen genossen beflügelt der Wein den Geist und steigert die künstlerische Kreativität. Er hilft, Lösungen zu finden für ungewöhnliche Probleme, die jenseits der Schablone und des „Schema F" liegen. Er hebt unsere Seele „ein Stockwerk höher" und schenkt Empfänglichkeit für alles, was das Leben bereichert und was ästhetisch reizvoll ist, für die Musik, die Naturschönheiten und die Anziehungskraft des anderen Geschlechts. Aber auch dies muß klar gesagt werden: Intellektuelle Leistungen, welche Geistesschärfe, volle Konzentration und abstraktes, kombinatorisches Denken erfordern, werden durch den Weingenuß nicht aktiviert. An der Schreibmaschine, an der Bildschirm-Datei, am Steuerpult einer technischen Großanlage, in der Kabine eines Simultanübersetzers, am Operationstisch, aber auch im dichten Straßenverkehr, würde der Weingenuß die geforderte Leistung nur behindern.

Am Abend, nach aufregender und anstrengender Arbeit genossen, wirkt der Wein entspannend. Der Sympathikus, die Leistungspeitsche des Organismus, wird abreguliert, und der auf Körperruhe und Gelassenheit hinwirkende Parasympathikus tritt in Aktion. Nervöse Herzschmerzen werden durch ein Glas Wein besser beseitigt als durch viele Psychopharmaka. Wer am Abend nach getaner Arbeit bei einer Flasche Wein seine Ruhe findet, gewinnt auch Distanz zu den Sorgen des Alltags. Er erkennt diese dann als überbewertet und beginnt plötzlich, die Probleme in einem anderen Licht zu sehen, um sie am folgen Tag mit mehr Gelassenheit, Klugheit und Souveränität anzugehen. Nach schwerer körperlicher Arbeit macht der Weingenuß müde und stimmt einen guten Schlaf ein. Rotwein tut dies noch besser als Weißwein.

Wein und Liebe

„Die Wirkung des Weines auf *Psyche und Körper* des Menschen", so haben wir die Überschrift dieses Kapitels unseres Buches gewählt. Gerade die Liebe zwischen Mann und Frau bedarf der Einheit von *Psyche und Körper*, von Leib und Seele. Wer diese Einheit trennt, verletzt und beleidigt die Würde des Menschen. Wir vermeiden deshalb bewußt, hier das Wort Sexualität zu gebrauchen, weil dieses Wort im Ansatz genau dieser Trennung Vorschub leistet und die Liebe zu einer rein biologischen Angelegenheit degradiert.

Daß der Wein in der Vorstellung der Menschen seit jeher etwas mit Liebe zu tun hat, zeigen die vielen antiken Kunstwerke, die Bacchus und Amor, den Weingott und den Liebesgott, gemeinsam darstellen. Aphrodite war in der altgriechischen Mythologie die Göttin der Liebe. Liebesfördernde Mittel werden im medizinischen Sprachgebrauch daher „Aphrodisiaka" genannt. Auch der Wein gilt als ein Aphrodisiakum.

Was haben Wein und Liebe aber nun konkret miteinander zu tun? Die Wirkung des Weines auf die Liebesfähigkeit und Liebesbereitschaft beruht keinesfalls darauf, daß der Wein etwa hormonelle Prozesse in Gang setzen würde. Die liebesfördernde Wirkung des Weines ist in erster Linie eine Frage der psychischen Wirkung der Weininhaltsstoffe. Der Wein entspannt, enthemmt, stimuliert, macht kontaktfroh und befreit von seelischem Druck; alles wohltätige Wirkungen, die der Liebe zugute kommen. Allerdings gilt auch hier, wie bei allen anderen Weinwirkungen, daß die positiven Seiten an mäßige Weinmengen gebunden sind. Übermäßiger Weingenuß bewirkt das Gegenteil, er ermüdet, lähmt und tötet die Liebe.

Die Wirkungen des Weines auf den Organismus – Verdauung, Atmung, Herz, Kreislauf, Muskelarbeit

Professor Kliewe, früherer Direktor des Hygiene-Instituts an der Universität Mainz, Autor mehrerer medizinischer Publikationen über Wein und Weingenuß, hat in einer seiner Arbeiten geschrieben (21): „In seiner Wirkung auf den menschlichen Körper steht der Wein zwischen einem Genußmittel, einem Nahrungsmittel und Gift."

Welche dieser drei Wirkungen der Wein erfüllt, hängt von der Dosierung ab. Dies gilt übrigens auch für andere Nahrungs- und Genußmittel. Der berühmte Arzt Paracelsus von Hohenheim (1494 bis 1541) formulierte diese Erkenntnis mit dem lateinischen Satz: „Dosis facit venenum". Die Dosis macht's, ob eine Sache Gift ist. Viele Dinge können im Übermaß genossen giftig sein. Nehmen wir ein Beispiel! Unser Körper braucht kleine Mengen Salz. Eine Prise davon würzt unsere Speisen. Sollte es aber jemandem gelingen, ein ganzes Pfund Salz auf einmal zu verzehren, so könnte der Betreffende sich auch auf diese ungewöhnliche Art vergiften.

Wir wollen hier aber von der Wirkung mäßiger Weinmengen und vom zivilisierten Weingenuß sprechen.

Verdauung

Der Wein führt schon in der Mundhöhle in Verbindung mit der angenehmen Geschmacksempfindung zu erhöhter Speichelbildung. Er reizt die Geschmacksnerven und regt auf diesem Wege die Drüsen des Verdauungstraktes zur vermehrten Bildung von Verdauungssekreten und Fermenten an. Zusätzlich verbessert der Wein die Durchblutung, die Motorik und die Aufnahmebereitschaft des Magens. Wein wird deshalb auch gerne als Aperitif vor festlichen Mahlzeiten gereicht.

Im Magen werden mäßige Weinmengen von den meisten Menschen als wohltuend empfunden, weil der Säuregrad (pH-Wert) des Weines dem Säuregrad des Magensaftes sehr nahe kommt und weil der Wein durch lokale Reizung die Durchblutung des Magens fördert. Appetit und Verdauung werden durch mäßige Weinmengen also verbessert. Bei alten Menschen mit ungenügendem Appetit und gestörter Verdauung infolge Untersäuerung des Magens ist dies besonders erwünscht. In der Geriatrie (Altersmedizin) wird die günstige Wirkung mäßigen Weingenusses ausdrücklich anerkannt. Den Weingenießer, der mit seinen Pfunden zu kämpfen hat, verleitet die appetitanregende Wirkung aber oft dazu, eiserne Vorsätze zu brechen.

Die Gerbstoffe, die besonders reichlich in farbkräftigen Rotweinen vorhanden sind, machen die Schleimhäute des Magens und der oberen Darmabschnitte unempfindlicher. Sie wirken gewebeabdichtend und verzögern auf diesem Wege auch die Aufnahme des Alkohols. Sehr gerbstoffreiche südländische Rotweine, in größerer Menge oder in den nüchternen Magen getrunken, können aber auch die Magenschleimhaut derart reizen, daß sie Magenschmerzen, Erbrechen und schlimmstenfalls eine Gastritis auslösen.

Beim Urlaub in Ländern mit unzureichender Hygiene kann Wein, zu den Mahlzeiten genossen, manche Darminfektion mit ihren lästigen Folgen ersparen.

Atmung, Herz und Kreislauf

Die Atmung wird durch den Genuß mäßiger Weinmengen angeregt, beschleunigt und vertieft. Die krampflösende Wirkung des Weines lindert asthmatische Beschwerden. Die Herzfrequenz steigt an, die Blutzirkulation wird gefördert. Stoffwechsel und Energieverbrauch werden angekurbelt. Die von den Lungen aufgenommene Sauerstoffmenge wird erhöht und die Sauerstoffversorgung der Organe verbessert. Kreislauflabilen, vegetativ empfindlichen Menschen, die unter Streß durch Föhn und Wetterwechsel leiden, kann ein Glas Wein, besser noch ein Glas Sekt, auf die Beine helfen. Der berühmte Chirurg Prof. Dr. Sauerbruch (1875–1951), hochverdient in den Lazaretten beider Weltkriege, schreibt in seinen Memoiren: „Alle meine Patienten, auch die in der dritten Klasse und in den Freibetten, bekamen nämlich, nachdem sie operiert waren, Sekt, weil dieser ein hervorragendes, unschädliches Anregungsmittel für den Kreislauf ist."

Der Blutdruck wird durch Weingenuß, insbesondere durch reichlichen Weingenuß, erhöht. Ein relativ mäßiger Hochdruck von beispielsweise systolisch 150 kann nach reichlichem Weingenuß auf 170 angehoben werden. Liegt der Bluthochdruck allerdings nüchtern bereits bei 250, so wird er unter dem Einfluß des Weines nur noch geringfügig steigen. Diese Blutdruckerhöhung ist auf die vermehrte Produktion von Katecholamine zurückzuführen (20). Nicht bestätigen können wir, was in anderen Schriften behauptet wird, daß Weingenuß einen zu hohen Blutdruck senken könne.

Unter dem Einfluß des Weinalkohols werden auch die Blutgefäße in der Haut erweitert und die Durchblutung verbessert. Dies ist als angenehmes Wärmegefühl zu spüren. Allerdings wird auch die Wärmeabgabe der Haut erhöht, was in Notsituationen bei strenger Kälte die Unterkühlung eher fördert und die Gefahr des Erfrierungstodes vergrößert.

Der Genuß mäßiger Weinmengen fördert beim gesunden Menschen die Durchblutung der Gefäße des Herzens. Einige Ärzte erlauben auch Patienten, die einen Herzinfarkt überstanden haben, den Genuß angemessener Weinmengen. Auch bei Schockzuständen hat Wein eine günstige Wirkung. Der beruhigende psychische Einfluß des Weines führt, zusammen mit der durchblutungsfördernden Wirkung, zur Linderung bei Angina pectoris. Daß mäßige Weinmengen Erkältungskrankheiten vorbeugen oder auf den Verlauf einer Erkrankung eine günstige Wirkung haben, ist eine alte Erfahrung, die von Medizinern bestätigt wird.

Auch die Nieren als die Filter des Blutkreislaufes steigern unter der Wirkung des Weinalkohols ihre Arbeitsleistung. Es wird vermehrt Urin ausgeschieden. In der Medizin spricht man vom diuretischen Effekt des Weines.

Muskelarbeit

Die Leistungsfähigkeit der Muskeln wird durch Weingenuß nicht gefördert. Im Gegenteil, es tritt recht bald eine Verminderung der effektiven Leistung ein. Die Muskelkraft kann von den Alkoholkalorien nicht profitieren, weil die Muskelzellen nicht in der Lage sind, Alkohol aufzuspalten. Dies kann nur die gesunde Leber.

Beim Sport wird eine gewisse, sehr kurzfristige Stimulierung unter dem Einfluß kleiner Mengen Weinalkohol sehr bald dadurch zunichte gemacht oder sogar ins Gegenteil verkehrt, daß die Koordination der Bewegungen und die Konzentration schon von kleinen Alkoholmengen behindert werden. Weingenuß kann sportliche Hochleistung niemals fördern. *Nach* dem Sport darf man sich jedoch durchaus ein Glas Wein zum Vesper oder Abendessen genehmigen und das Hochgefühl der gerade bewiesenen Fitness beim Wein genießen. Ratsam ist allerdings, den durch die sportliche Aktivität entstandenen Flüssigkeitsverlust zunächst durch einen alkoholfreien Durststiller zu ersetzen.

Weingenuß und Verkehrstüchtigkeit

Allgemein gilt, daß die Reaktionszeit und die Reaktionsgeschwindigkeit am Steuer schon durch verhältnismäßig kleine Mengen Alkohol herabgesetzt werden. Aber die Beeinflussung der Verkehrstüchtigkeit ist eine Frage der Persönlichkeit und der körperlichen und psychischen Konstitution des Fahrers. Es gibt Menschen, die auch unter Alkoholeinfluß noch mit erstaunlicher Sicherheit und Zuverlässigkeit ein Fahrzeug lenken, weil sie Alkohol gewöhnt sind und ihre Fahrweise verantwortungsvoll dem allgemein verminderten Reaktionsvermögen anpassen. Bei anderen Fahrern, insbesondere bei halbreifen Jünglingen, wächst unter dem Einfluß des Alkohols oft der Mut zu riskanter und angeberischer Fahrweise. Sie überschätzen leicht ihre Reaktionsfähigkeit, und der Fahrstil artet dann in Gemeingefährlichkeit aus.

Der Gesetzgeber kann auf derlei individuelle Reaktionsunterschiede allerdings keine Rücksicht nehmen. Im Hinblick auf die vielen tausend Menschen, die Jahr für Jahr durch alkoholbedingte Verkehrsunfälle ihre Gesundheit einbüßen oder gar ihr Leben verlieren, und im Hinblick auf die enormen volkswirtschaftlichen und sozialen Folgekosten muß man verstehen, daß fast alle zivilisierten Länder strenge Regelungen bezüglich Alkohol und Straßenverkehr getroffen haben. Es gibt Staaten, in denen man sich nicht ans Steuer setzen darf, wenn man auch nur einen Tropfen Alkohol im Blut hat und wo jeder Alkohol-verschuldete Verkehrsunfall drakonisch bestraft wird.

In der Bundesrepublik Deutschland hat der Gesetzgeber eine eher großzügige und liberale Lösung gefunden, die aber in die Verantwortungsbereitschaft des einzelnen Fahrers auch größere Erwartungen setzt. Ein Blutalkoholwert von bis zu 0,8 Promille wird toleriert, solange der Fahrer keinen Unfall verschuldet. Wer sich mit 0,8 bis 1,3 Promille ans Steuer setzt, handelt ordnungswidrig und wird mit einem Bußgeld belegt, vorausgesetzt, er wird erwischt. Schwerwiegende Folgen hat ein solcher Alkoholpegel, wenn der Fahrer einen Unfall verursacht. Wer mehr als 1,3 Promille Alkohol im Blut hat, gilt als absolut fahruntüchtig und wird mit Freiheitsstrafe oder Geldstrafe belegt, wobei natürlich die Höhe der Promille und die sonstigen Umstände das Strafmaß bestimmen.

Wo liegt nun das Limit des Weingenusses, wenn die magische 0,8 Promille–Grenze nicht überschritten werden soll? Es ist nicht ganz einfach, auf diese Frage eine pauschale Antwort zu geben, denn der Blutalkoholwert hängt nicht nur von der konsumierten Weinmenge, sondern von der Geschwindigkeit des Trinkens, vom Füllungsgrad des Magens und vom Körpergewicht ab. Trotzdem wollen wir versuchen, auch hier dem Leser einige Faustzahlen an die Hand zu geben.

Ein normal gebauter Mann von 70 bis 80 kg Körpergewicht kann, wenn er langsam und in Ruhe trinkt und vorweg einen kräftigen Imbiß verzehrt, bis zu zwei Viertele, also bis 0,5 Liter eines leichteren Tischweines trinken. Weintrinker von schmächtigerem Körperbau, so auch zierliche Frauen, sollten entsprechend ihrem Körpergewicht unter dieser Grenze bleiben. Bei einem schwereren, alkoholreicheren Wein, etwa einem kräftigen Rotwein, sollte man die Trinkmenge auf eine halbe Normalflasche, also auf etwa 0,35 bis 0,4 Liter beschränken.

Wer über diese Grenze hinaus getrunken hat, sollte wissen, daß die Leber stündlich etwa 0,15 Promille im Blut, d.h. die Alkoholmenge von einem Zehntelglas Wein abbaut. Der Betreffende kann so abschätzen, wie lange er warten muß, bis sein Blutalkoholpegel die magische 0,8-Promille-Grenze wieder unterschritten hat. Logischerweise setzt die Anwendung dieser Faustzahlen voraus, daß man nicht zusätzlich zum Wein noch andere alkoholische Getränke, etwa als Aperitifs oder Digestifs zu sich nimmt und daß man nicht noch vom Abend oder der Nacht zuvor oder vom letzten Umtrunk „unbewältigten" Alkohol im Blut hat. Im übrigen wollen wir mit diesen Faustzahlen nur eine grobe Orientierung geben. Wir können für die Sicherheit im Einzelfall keine Gewähr leisten.

Wir möchten an alle diejenigen, die gerne in froher Runde den Wein genießen und trotzdem ihren fahrbaren Untersatz selbst nach Hause steuern wollen, die Bitte richten, sich der Verantwortung bewußt zu sein, die sie nicht nur für ihre eigene Gesundheit, sondern auch für Leib und Leben anderer Menschen tragen.

Trinken Sie, wenn Sie noch selbst nach Hause fahren wollen, nicht über die oben genannten Grenzen hinaus. Fahren Sie, wenn Sie Wein getrunken haben, besonders besonnen und vorsichtig. Aber fahren Sie auch nicht in einem zu zaghaften Bummeltempo. Sie provozieren sonst andere Fahrer zu riskanten Überholmanövern und fallen mit Sicherheit der nächsten Polizeistreife wegen ihres ungewöhnlichen Fahrstils auf.

Kontrollverlust bei unmäßigem Weingenuß

Wir wollen den Weingenuß hier nicht nur von den schönen Seiten darstellen, sondern auch die abschreckenden Folgen eines exzessiven Weintrinkens aufzeigen. Aus dem Mittelalter, als es in Europa nicht nur Wein im Überfluß, sondern auch recht entartete und üble Trinksitten gab, stammt der nachfolgende Spruch, der das unsinnige Saufen anprangert.

Kein Ochs, kein Esel noch ein Pferd,
trinkt mehr denn sein Natur begehrt.
Allein der Mensch, der ist so toll,
daß er will trunken sein und voll!

Die auf den vorangehenden Seiten beschriebenen, psychisch und körperlich positiven Wirkungen des Weines sind an vernünftige und gesittete Trinkmengen gebunden. In der Übersicht auf Seite 35 haben wir deshalb nach einem Blutalkoholgehalt von 1,5 Promille einen dicken Strich gezogen. Wer über diese Schwelle hinaus trinkt, läuft Gefahr, die Kontrolle über sich selbst zu verlieren. Die beim leichten Rausch zu beobachtende Enthemmung schlägt dann leicht in Hemmungslosigkeit um. Sprache, Bewegung und Gleichgewichtssinn werden mehr oder weniger gestört. Die Reaktion auf Umweltreize ist verlangsamt. Der Blick wirkt starr, weil der Betrunkene seine Augenmuskeln nur unter Anstrengung so koordinieren kann, daß er die Dinge seiner Umgebung nicht doppelt sieht. Wagemut und Risikobereitschaft wachsen. Sie arten zur Gemeingefährlichkeit aus, wenn sie auf zwei oder vier Rädern demonstriert und abgreagiert werden. Dennoch, die kriminelle Gewalttätigkeit scheint durch Weintrunkenheit, im Gegensatz zum Bier- und Schnapsrausch, kaum gefördert zu werden.

Das Verhalten und Gebaren im Vollrausch hängt schließlich auch ganz von der Persönlichkeit und vom Charakter des einzelnen ab. Generell gilt, daß der Betrunkene sein wahres Wesen offenbart. Der angenehmste und unauffälligste Trunkenbold ist wohl der, der bald an seinem Platz in tiefen Schlaf versinkt. Aber auch andere Verhaltensweisen sind typisch und durchaus nicht selten. Der Primitivling neigt im Suff zu lauten, kränkenden, obszönen und angeberischen Redensarten.

Der Lüstling entwickelt zudringliche Aktivitäten gegenüber den Frauen. Der Philosoph und Künstler gerät ins Faseln, Schwärmen und Träumen. Frauen verfallen in Trunkenheit leicht in Rührseligkeit, Selbstbemitleidung und Weinerlichkeit.

Bei einem Blutalkoholgehalt oberhalb von 3,5 Promille besteht akute Gefahr für Gesundheit und Leben. Allerdings wird es kaum jemandem gelingen, sich mit Wein alleine auf einen solchen Alkoholpegel hinauf zu trinken. Die Säure des Weines bildet hier eine natürliche Barriere. Durch Reizung der Magenschleimhaut und durch die zusätzliche Wirkung des hohen Blutalkoholspiegels auf das Brechzentrum im Hirn entledigt sich der Magen dessen, was zu viel des Guten ist. Doch auf diese lebensrettende Selbsthilfe des Organismus sollte sich niemand verlassen. Schon mancher Volltrunkene ist im Zustand der Bewußtlosigkeit am eigenen Erbrochenen erstickt oder in einer kalten Nacht, wenn er sich auf dem Heimweg verirrt hatte, erfroren.

Beim Trinken des Weines
will ich dir setzen ein Maß.
Fuß und Verstand dürfen
dir nimmer versagen den Dienst.

Ovid, römischer Dichter, 43 vor Chr. bis 18 nach Chr.

6. Drängende Fragen kritischer Weinfreunde

Der Verbraucher ist heute für alle Fragen der Reinheit und Gesundheitsbekömmlichkeit der Nahrungsmittel hochgradig sensibilisiert. Er ist aber meist nicht in der Lage, berechtigte Kritik von unsinnigen Vorwürfen versponnener Weltverbesserer zu unterscheiden. Es ist erschreckend, mit welch dreister Leichtfertigkeit da Autoren, die offenbar weder die Sachkunde noch die Zeit haben, um Fakten gründlich zu recherchieren, in ihren Druckschriften ein verwirrendes Gemisch von Halbwahrheiten und völlig unsinnigen Anschuldigungen servieren. Aus der Fülle solch unverdauter Informationen und Fehlinformationen bleibt dem verunsicherten Verbraucher ein Gefühl des Mißtrauens und Mißbehagens. Man debattiert dann in großer Runde über die Krebsgefahr durch Gift in unserer Nahrung und läßt am Ende als „Dokument" der Krebsangst einen kippengefüllten Aschenbecher auf dem Tisch zurück.

Auch dem Wein begegnen viele Menschen mit Argwohn und Mißtrauen. Das Wort „panschen" ist stets schnell zur Hand. Die Freveltaten krimineller Weinfälscher haben das ihre dazu beigetragen. Der kritische Konsument ist im allgemeinen aber nicht genügend informiert, um erlaubte und sinnvolle Maßnahmen der Weinbehandlung von krimineller Weinfälscherei zu unterscheiden. Wir werden in diesem Kapitel versuchen, einige Klarheit zu schaffen und unnötige Ängste abzubauen. Wir wollen aber mit der nötigen Korrektheit auch aufzeigen, wo kritikwürdigen Entwicklungen entgegen zu treten ist.

Enthält der Wein von Natur aus gesundheitsschädliche Stoffe?

Viele verängstigte Weinfreunde befürchten das Vorhandensein gesundheitsschädlicher Stoffe als Folge der Weinbehandlung im Keller bzw. der Schädlingsbekämpfung und der Düngung im Weinberg. Bevor wir aber auf diese Befürchtungen eingehen, wollen wir zunächst die Frage stellen, ob der Wein vielleicht von Natur aus Stoffe enthält, die der menschlichen Gesundheit schaden können. Dies ist nun tatsächlich der Fall. Denn der Äthylalkohol oder Weingeist als der wichtigste Inhaltsstoff des Weines wirkt im Übermaß konsumiert ebenso gesundheitsschädlich wie er mäßig genossen die Gesundheit fördert.

Potentiell viel schädlicher jedoch als Äthylalkohol ist der Methylalkohol oder Holzgeist. Er kann bei der alkoholischen Gärung aus Pektinstoffen der Trauben entstehen. Rotweine, die auf der Maische gegoren wurden, können davon etwas mehr enthalten als Weißweine. Gott sei Dank ist der Gehalt bei sorgfältig ausgebauten Weinen aber minimal und liegt weit unter der gesundheitlich bedenklichen Grenze. Man vergleiche hierzu auch die Tabelle im Anhang des Buches.

Auch die Höheren Alkohole, insbesondere die Fuselöle, die wesentlich zur Stoff-Fülle eines Weines beitragen, sind nicht gerade gesundheitsförderlich. Wesentliche Mengen davon kommen aber nur in Weinen aus hochreifen, edelfaulen Trauben, also in schweren Auslesen und Beerenauslesen vor. Da kein vernünftiger Mensch solche teuren und edelsüßen Weine in größeren Mengen konsumieren wird, können diese Höheren Alkohole normalerweise ebenfalls keine Gefahr für die menschliche Gesundheit sein. Die in gängigen Qualitäten vorkommenden Mengen sind bei gesitteten Trinkgewohnheiten auf alle Fälle unbedenklich.

In einer Verbraucherzeitschrift wurde vor einiger Zeit behauptet, der im Wein vorkommende Acetaldehyd sei für den Menschen schädlich und für Katerbeschwerden verantwortlich. Wie liegen die Tatsachen? Der im Wein enthaltene Alkohol wird in unserer Leber zu Acetaldehyd abgebaut. Acetaldehyd ist in der Tat für den menschlichen Organismus ziemlich unbekömmlich. Er wird deshalb rasch durch die Leberfermente zu Essigsäure zersetzt. Diese Zersetzung funktioniert im Normalfall recht gut. Wird sie aber durch einen Fermentmangel oder durch das Alkohol-Entwöhnungsmittel „Antabus" blockiert, so stellen sich schwere Katerbeschwerden ein. Bedenkt man nun, daß der im Wein bereits vorhandene Acetaldehyd nur rund 1 Promille des durch den Abbau des Alkohols in der Leber entstehenden Acetaldehyds ausmacht, so erkennt man leicht, daß sich jede weitere Diskussion dieser Frage erübrigt.

Ein anderes Wort geistert immer wieder einmal durch die Diskussionen: Histamin. Es kommt in einigen Nahrungsmitteln, insbesondere in Sauerkraut, Spinat, Käse und in getrockneter Räucherwurst in beachtlichen Mengen vor. Wenn Histamin im Wein gefunden wird, dann zwar in viel kleineren Mengen; aber in Verbindung mit Alkohol löst Histamin Kopfschmerz, Übelkeit und Magenbeschwerden aus. Der chronische Genuß von Weinen mit hohem Histamingehalt würde zu Leberschäden führen. Nachdem 1965 zwei Freiburger Wissenschaftler (28) die Fachwelt auf das gelegentliche Vorkommen erhöhter Histamingehalte im Wein aufmerksam gemacht hatten, hat sich die Weinforschung dieser Frage sofort angenommen. Heute ist geklärt, daß Histamin im Wein in Verbindung mit dem biologischen Säureabbau, also bei der Äpfelsäure-Milchsäure-Gärung, von einer bestimmten Bakterienart gebildet werden kann. Da man in den meisten deutschen Kellereien diesen biologischen Säureabbau unterbindet, ist die Gefahr der Histaminbildung schon dadurch weitgehend eingeschränkt. Außerdem würde eventuell vorhandenes Histamin bei der in Deutschland üblichen Behandlung der Weine mit dem Tonmineral Bentonit absorbiert und ausgefällt. Wiederholte Serienuntersuchungen haben gezeigt, daß die meisten Weine kein Histamin oder nur äußerst geringe Mengen enthalten.

In der schweizerischen Kellerwirtschaft wird – anders als in Deutschland – der biologische Säureabbau zur Säureregulierung generell genutzt. Der Verbraucher ist dort auf den so entstehenden Geschmackstyp des Weines eingestellt. Trotzdem ist auch bei den Schweizer Weinen das Histamin kein Problem. Durch eine verbesserte Technik und perfekte Kellerhygiene sowie durch den Einsatz von Kulturen säureabbauender Bakterien (Leuconostoc oenos), die bekanntermaßen kein Histamin bilden, hat man erreicht, daß nach einer Untersuchung der Eidgen. Weinforschungsanstalt in Wädenswil Ostschweizer Weißweine im Mittel nur 0,4 Milligramm pro Liter und Ostschweizer Rotweine nur 0,9 Milligramm pro Liter Histamin enthalten (29).

In seltenen, extremen Sonderfällen wurden bei südländischen Rotweinen schon bis zu 30 mg/l Histamin gefunden. Solche Weine haben mit Sicherheit einen unkontrollierten biologischen Säureabbau durchlaufen und können nur aus einer

Kellerei kommen, die mit den histaminbildenden Pediococcus-Bakterien verseucht ist. Somit ist das Histamin auch eine Frage der Kellerhygiene. In modernen Kellereien mit blitzsauberen Gärgebinden aus Edelstahl läßt sich der Ausbau des Weines eben besser lenken und kontrollieren als in alten, modrigen Gewölben mit stickigen Holzfässern.

Wir können zusammenfassend feststellen, daß nach alter Erfahrung und nach dem Stand der wissenschaftlichen Erkenntnis die natürlichen Inhaltsstoffe sorgfältig ausgebauter Weine nicht gesundheitsschädlich sind, sofern der Wein in gesitteten Mengen getrunken wird.

Können gesundheitsschädliche Stoffe durch Behandlungsmittel in den Wein geraten?

Viele verunsicherte Konsumenten befürchten nun, daß der Wein im Keller mit Chemikalien behandelt werde, die die Gesundheit gefährden. Das Wort Chemie ist in Verbindung mit dem Wein geradezu ein Reizwort. Chemie wird in unserer Zeit fast automatisch mit Schadstoffen, Gift und Umweltverschmutzung assoziiert. Nicht wenige Weinfreunde hängen andererseits an der liebgewonnenen Vorstellung, der Wein entstehe ohne den regulierenden Eingriff des Menschen ganz von alleine, wenn erst einmal die Winzerarbeit getan und die Trauben ausgepreßt sind. In Wahrheit verändert der Mensch doch schon mit der Weinbereitung selbst die natürlichen Abläufe. Die Traubenbeeren sind ja von Natur aus nicht dazu ausersehen, ein alkoholisches Getränk zu liefern, sondern sie sollen mit den darin enthaltenen Samen der Vermehrung des Rebstockes dienen. Der Zucker wilder Traubenbeeren würde ohne den Eingriff des Menschen den Vögeln als Nahrung dienen und niemals als Traubensaft vergären.

Die alkoholische Gärung ist zwar ein naturgegebener biologischer und biochemischer Prozeß, aber dieser Prozeß muß gelenkt und überwacht werden. Es ist eben keineswegs so, daß ohne Eingriff des Menschen ein sauberer, reintöniger, klarer und wohlschmeckender Wein wie von selbst entsteht. Schon seit eh und je war die Weinbereitung nicht dem Zufall überlassen. Das Schwefeln durch Abbrennen von elementarem Schwefel oder schwefelhaltigen Gesteinen wurde schon im Altertum praktiziert. Rotweine wurden in früheren Zeiten oft mit frischem oder getrocknetem Tierblut versetzt, um übermäßigen Gerbstoffgehalt zu mildern und einen Teil der Gerbstoffe auszufällen. Völlig unsinnig ist allerdings das Gerücht, auch heute noch würden italienische Rotweine mit Stierblut in ihrer Farbkraft verbessert. Der rote Blutfarbstoff ist ein Eiweißkörper, der, wenn er mit dem Wein vermischt wird, sofort unlösbar wird.

Die Weinverordnung der Europäischen Gemeinschaft läßt nun tatsächlich eine ganze Reihe von chemischen Behandlungsstoffen zu und regelt deren Anwendung. Die moderne Kellerwirtschaft ist allerdings mit Erfolg bemüht, diese chemischen Hilfsstoffe so wenig wie möglich einzusetzen. Sie verwendet statt dessen heute physikalische Verfahren, wie Erwärmung und Kühlung, Zentrifugieren und Filtrieren, um die Gärung und den Ausbau der Weine zu lenken. Die wenigsten der zugelassenen Behandlungsstoffe kommen denn auch tatsächlich zur Anwendung.

Welcher Art sind nun die zugelassenen Weinbehandlungsmittel und welchem Zweck dienen sie? Man muß unterscheiden zwischen den Behandlungsmitteln, die im Wein verbleiben und den sogenannten Schönungsmitteln, die aus dem Wein restlos wieder entfernt werden und uns deshalb aus gesundheitlicher Sicht eigentlich gar nicht zu interessieren brauchten. Unter der „Schönung" des Weines versteht man die Klärung durch Zusatz von Stoffen, die durch Oberflächenwirkung die Trubteilchen an sich ziehen und niederreißen oder mit den Trubteilchen eine kolloidale Flockung ergeben und sich dann absetzen. Auf eine derartige Klärung des Weines kann der Kellermeister nicht verzichten. Die Klarheit ist ein selbstverständliches Gütekriterium und wird bei der amtlichen Qualitätsweinprüfung vorausgesetzt. Letztlich würde auch der Verbraucher einen trüben Wein ablehnen.

Der Klärung des Weines dient beispielsweise das bereits erwähnte Bentonit. Bentonit ist ein Tonmineral und schon als solches aus gesundheitlicher Sicht unbedenklich. Es bindet im Wein vorhandenes Eiweiß und eiweißähnliche Stoffe, welche den Wein trüben könnten. Wenn es seine Funktion erfüllt hat, setzt es sich am Faßboden ab und wird durch Abstich und Filtration wieder aus dem Wein entfernt. Für die Reinheit dieses Behandlungsstoffs gelten strenge Vorschriften. Der Ausflockung von Weintrübungen dient auch die Anwendung von Speisegelatine, die oft in Verbindung mit Kieselsol verwendet wird. Weitere Schönungsmittel werden nur in Ausnahmefällen angewandt.

Zu den Behandlungsmitteln, die im Gegensatz zu den Schönungsmitteln im Wein verbleiben, gehört vor allem die schweflige Säure. Die Weinverordnung erlaubt auch die Zugabe von Ascorbinsäure (= Vitamin C) als Oxidationsschutz und von Metaweinsäure zur Weinsteinstabilisierung. Die beiden letztgenannten Stoffe werden aber selten verwendet. Nach der Weinverordnung erlaubt ist auch die Zugabe kleiner Mengen des Konservierungsstoffes Sorbinsäure. Aufgrund der schlechten Erfahrung, daß mit Sorbinsäure behandelte Weine unter bestimmten Bedingungen einen recht störenden Geraniengeschmack entwickeln können, wird dieser Stoff in den deutschsprachigen Weinbauländern praktisch überhaupt nicht angewendet.

Von eigentlicher Bedeutung als unverzichtbares Weinbehandlungsmittel ist somit nur die schweflige Säure. Sie ist für viele *der* Angriffspunkt der Kritik am Wein. Wir haben durchaus Verständnis dafür, daß sich mancher Weinfreund einfach aus ästhetischen Gründen gegen die Verwendung der schwefligen Säure bei der Weinbereitung wehrt. Wir werden dieser Frage deshalb im Anschluß an diese Ausführungen ein eigenes Unterkapitel widmen. Wir hoffen, daß die sachliche und nüchterne Darlegung der Gegebenheiten die Gemüter etwas beruhigen kann. Zunächst wollen wir aber auf andere Kritikpunkte eine Antwort geben.

Gelegentlich wird von besorgten Weinfreunden die Befürchtung geäußert, durch das Filtrieren der Weine mit asbesthaltigen Filterschichten könnte der Wein einen gesundheitsgefährdenden Asbestgehalt aufweisen. Lassen wir auch hierzu wieder die Fakten sprechen (27):

1. Es stimmt, daß eingeatmeter Asbeststaub die Lunge gefährdet und zu Lungenkrebs führen kann.

2. Im Gegensatz dazu konnte eine Gefährdung durch Asbest bei Aufnahme in den Verdauungstrakt noch nicht nachgewiesen werden. Die Asbestfasern werden im sauren Milieu des Magens derart in ihrer Struktur verändert, daß sie Magen- und Darmwand nach heutiger Kenntnis nicht schädigen können.
3. Aufgrund der vielfachen technischen Verwendung kommt Asbest in unserer Umwelt heute leider fast überall vor. Asbest ist deshalb in geringsten Spuren auch in vielen Getränken zu finden, selbst wenn diese nicht mit asbesthaltigen Filterschichten filtriert wurden.
4. Nach Untersuchungen des Bundesgesundheitsamtes in Berlin gibt es keine Hinweise darauf, daß Getränke, die über asbesthaltige Filterschichten filtriert wurden, einen höheren Asbestgehalt aufweisen als Getränke, die mit anderen Filtermaterialien behandelt wurden.
5. Trotzdem hat sich das Bundesgesundheitsamt dafür ausgesprochen, nach einem Ersatz für asbesthaltige Schichten zu suchen; nicht wegen einer etwaigen Gefährdung des Getränkekonsumenten, sondern aus Arbeitsschutzgründen, um auf der Stufe der Herstellung die Gefahren des Asbeststaubes zu beseitigen.
6. Die einschlägigen Hersteller haben inzwischen asbestfreie Filtermaterialien entwickelt. Viele Weinkellereien verzichten bereits von sich aus auf die Verwendung asbesthaltiger Filterschichten, einfach um allen Vorwürfen aus dem Wege zu gehen.

Gefährdet schweflige Säure im Wein die Gesundheit des Weintrinkers?

Schweflige Säure wird während der alkoholischen Gärung von der Hefe gebildet und ist somit schon natürlicherweise in kleinsten Mengen in vielen Weinen vorhanden. Sie darf und muß dem Wein aber auch künstlich zugesetzt werden. Diese Anwendung des Schwefels bei der Weinbereitung ist keine Erfindung der Neuzeit, sondern von alters her üblich. Der altrömische Schriftsteller Columella (1. Jahrh. n. Chr.) empfiehlt bereits, tönerne Weingefäße vor der Befüllung zu schwefeln. In früheren Zeiten brannte man in den Fässern oder Tongefäßen elementaren Schwefel oder schwefelhaltige Gesteine ab. Dabei entsteht das stechend riechende Schwefeldioxid, welches in wäßriger Lösung zu schwefliger Säure wird. Diese ist nicht zu verwechseln mit der viel stärkeren Schwefelsäure. Schweflige Säure bindet den während der Gärung entstehenden Acetaldehyd. Sie verhindert die Oxidation, d.h. die Bindung von Luftsauerstoff an den Wein und die damit verbundene Bräunung und negative geschmackliche Beeinflussung. Darüber hinaus schützt sie den Most und Wein in gewissem Umfang vor Infektionen durch Bakterien. In diesen drei Funktionen ist schweflige Säure bis heute durch keinen anderen Stoff zu ersetzen. Ascorbinsäure (Vitamin C) wird zwar als Ersatz für schweflige Säure seit einigen Jahren erprobt. Sie kann aber die schweflige Säure nur in einer Funktion, nämlich bei der Verhinderung der chemischen Oxidation vertreten. Ohne jede Anwendung von schwefliger Säure würde sich der Wein entweder schon sehr bald nach der Gärung, spätestens aber bei der Flaschenlagerung in Geruch und Geschmack in Richtung

Sherry entwickeln. Er würde seine Frische verlieren und eine bräunliche Färbung annehmen. Wer einmal an einem Weinrest gerochen und genippt hat, der längere Zeit ungekühlt in einer angebrochenen Flasche dem Luftsauerstoff ausgesetzt war, der kann etwa abschätzen, wie negativ sich der generelle Verzicht auf schweflige Säure im Charakter der Weine bemerkbar machen würde.

Der Kellermeister kann mit der schwefligen Säure allerdings nicht nach Belieben umgehen. Die höchstzulässigen Gehalte sind durch das Weingesetz festgelegt und werden sowohl bei der amtlichen Qualitätsweinprüfung als auch durch die staatliche Weinkontrolle überwacht. Die Grenzwerte wurden in den letzten Jahren durch Regelungen der Europäischen Gemeinschaft herabgesetzt und liegen derzeit für das Gros der Weine bei Gehalten von 160 bis 300 Milligramm pro Liter, je nach Qualitätsstufe und Weintyp. Allerdings werden diese Grenzwerte in der Praxis selten ausgeschöpft. Die moderne Kellerwirtschaft hat es fertiggebracht, bei den meisten Weinen weit darunter zu bleiben. Die Weinforschung ist ständig bemüht, weitere Verfahren zur Einsparung von schwefliger Säure zu entwickeln.

Ein Verfahren zur Herstellung von Wein *ohne* schweflige Säure wurde in neuerer Zeit patentiert. Ob es sich in der breiten Praxis bewähren wird, bleibt abzuwarten. Es bestehen in der Weinbranche erhebliche Zweifel. Die zugrundeliegenden Ideen werden der Kellerwirtschaft bestenfalls einige Denkanstöße geben. Wir möchten die Fachleute ermuntern, auf dem eingeschlagenen Weg fortzufahren und jede Möglichkeit zur Einsparung von schwefliger Säure zu nutzen.

Bezüglich der Gesundheitsverträglichkeit der schwefligen Säure ergibt sich nach den Ausführungen von Prof. Wucherpfennig (53) folgendes Bild:

Schweflige Säure ist ein Zwischenprodukt beim Abbau der schwefelhaltigen Eiweißbausteine unserer Nahrung und somit für unseren Körper kein unbekannter Stoff. Unser Verdauungssystem produziert deshalb von Natur aus genügend Sulfitoxidasen. Mit deren Hilfe müssen täglich ca. 25 Millimol schwefelhaltiger Verbindungen, die aus unserer normalen Nahrung stammen, abgebaut werden. Die Sulfitoxidasen, die unser Organismus produziert, reichen aus, um zusätzlich auch jene 2 Millimol zu oxidieren, die wir beispielsweise durch den Genuß von 0,7 Liter Wein aufnehmen. Das mit unserer Nahrung und mit dem Wein in unseren Körper gelangende Sulfit wird nach Umwandlung in Sulfat innerhalb von 24 Stunden mit Kot und Harn praktisch vollständig ausgeschieden. In den geringen Mengen, die im Wein vorhanden sein dürfen, ist schweflige Säure für unseren Organismus verträglich und führt keineswegs, wie so oft behauptet, generell und automatisch zu Kopfschmerzen. Doch darauf kommen wir später zurück.

Eine Expertengruppe der Welt-Gesundheits-Organisation (WHO) empfiehlt allerdings, die Aufnahme von schwefliger Säure durch unsere Nahrung auf 0,7 mg SO_2 pro kg Körpergewicht und pro Tag zu beschränken. Eine normalgewichtige Person dürfte somit etwa 50 mg täglich zu sich nehmen. Das entspricht der Menge, die etwa in 0,33 Liter eines normalen, gut ausgebauten Weines enthalten ist. Nach Ansicht anderer Mediziner (23) ist diese Festlegung jedoch zu streng. Auch die Codex Alimentarius Commission hält eine tägliche Aufnahme von 2,1 mg pro kg Körpergewicht, also das Dreifache der Grenzmenge der WHO, für zulässig.

Johann Wolfgang von Goethe:
„Es liegen im Wein produktiv machende Kräfte sehr bedeutender Art."

(Saccharose) wird unter dem Einfluß der Hefe-Enzyme in Glucose und Fructose, also in Traubenzucker und Fruchtzucker gespalten. Er vergärt dann, genau wie der natürlicherweise in den Trauben enthaltene Zucker, zu Alkohol. Der Hefe ist es völlig egal, ob der zu vergärende Zucker mit Hilfe eingefangenen Sonnenscheins im Blatt der Rebe oder der Rübe gebildet wurde. Der Zucker entsteht im grünen Blatt durch denselben biologischen Prozeß der Photosynthese und wird von der Hefe durch denselben biochemischen Gärprozeß in Alkohol und Kohlendioxid verwandelt.

Nun stößt die Verwendung von Zucker bei der Weinbereitung immer wieder auf Unverständnis und Kritik. Zur Ehrenrettung der angereicherten Weine möchten wir aber folgendes zu bedenken geben: Die feinsten Weine der Welt wachsen in den kühleren Weinbauzonen, wo die Anreicherung erlaubt, üblich und besonders nach Jahren mit ungünstiger Witterung unumgänglich ist. Auch in Frankreich kommen die berühmtesten Gewächse nicht etwa aus dem heißen Süden, sondern aus den kühleren Regionen der Atlantikküste (Bordeaux) und den nach Norden vorgeschobenen Weinbaugebieten Mittel- und Ostfrankreichs. Viele dieser Weine werden vor der Gärung mit Zucker angereichert.

In den heißen Weinbauzonen hingegen, wo die Trauben in allen Jahren so hohe Zuckergehalte erreichen, daß sich eine Anhebung des Alkoholgehaltes generell erübrigt, ist das klimatische Wärmeoptimum – zumindest für feine Weißweine – überschritten. Die Weine dieser Länder enthalten zwar von Natur aus reichlich Alkohol, lassen aber das so hoch geschätzte, feine Spiel von Bukett, Duft und frischer Säure vermissen. Weißweine aus heißen Rebbaugebieten nehmen meist, wegen des Mangels an Säure, keine positive Entwicklung bei langjähriger Lagerung auf der Flasche.

In den heißesten und südlichsten Weinbauregionen der Europäischen Gemeinschaft und auch in heißen überseeischen Weinbaugebieten darf den Weinen deshalb Zitronensäure zugesetzt werden.

Die Süßung

An der Frage der Restsüße lieblicher deutscher Weine erhitzen sich immer wieder die Gemüter; unter anderem deshalb, weil viele Kritiker glauben, diese Süße stamme aus dem Zuckersack. Eine Zugabe von Zucker nach der Gärung, auch eine Zugabe von sogenanntem Flüssigzucker, ist weingesetzlich nicht zulässig.

In Deutschland wird den lieblichen Weinen gängiger Qualitätsstufen die gewünschte Süße nach der Gärung und vor der Flaschenfüllung durch die vom Gesetz erlaubte Zugabe von ungegorenem Traubensaft verliehen. Dieser Traubensaft, den der Kellermeister im Herbst als sogenannte Süßreserve einlagert, muß sogar von der gleichen Herkunft und Qualitätsstufe sein, wie der zu süßende Wein.

Hochreife Moste von Auslesen und Beerenauslesen enthalten jedoch von den überreifen Trauben her oft mehr Zucker, als die Hefe zu vergären im Stande ist. Gleiches trifft auch zu für Eisweinmoste. Solchen edlen Gewächsen bleibt ein Teil der Traubensüße meist natürlicherweise, also ohne fremdes Zutun erhalten.

Als „trocken" bezeichnet man Weine, die nur geringe und geschmacklich kaum wahrnehmbare Mengen an unvergorenem Zucker enthalten. Bei trockenen deutschen Weinen darf der Gehalt an Restzucker den Säuregehalt um nicht mehr als 2 Gramm pro Liter überschreiten. 9 Gramm ist jedoch die Obergrenze.

Die Zahl der Freunde trockener Weine hat erfreulicherweise in den letzten Jahren ständig zugenommen. Trockene Weine passen im allgemeinen besser zum Essen. Sie machen nicht so schnell satt, sondern sie verlangen nach. Wer Wein alltäglich und nicht nur gelegentlich trinkt, wird eher den trockenen Weinen den Vorzug geben. Immer wieder wird aber von Winzern, Kellermeistern und Weinhändlern darüber geklagt, daß Kunden mit dem Wunsch, einen „trockenen" Wein zu erwerben, den Probierraum betreten, dann aber doch die lieblichen Weine kaufen. Offenbar führen viele das Wort „trocken" im Munde, ohne recht zu wissen, was es eigentlich meint.

Es bleibt nun einmal eine Tatsache, daß die meisten deutschen Weine – insbesondere deutsche Weißweine – von den Kunden mit einer mehr oder weniger betonten Süße gewünscht werden. Auch ausländische Anbieter, insbesondere aus Österreich, Ungarn und Rumänien erzielen auf dem deutschen Markt mit süßen Weinen gute Erfolge. Die Freunde trockener Weine sollten all dies mit souveräner Toleranz hinnehmen und für ihren eigenen Geschmack eben aus dem reichlichen Angebot die trockenen Weine bevorzugen.

Man sollte aber aus der Geschmacksfrage „trocken" oder „lieblich" keine Weltanschauung machen, denn über Geschmack läßt sich bekanntlich nicht streiten. Warum eigentlich soll im fertigen Wein nicht ein Rest des Zuckers vorhanden sein, den die Trauben bei ihrem natürlichen Reifungsprozeß eingelagert haben? Ein fein abgestimmter Gehalt an unvergorener Traubensüße rundet den Geschmack und läßt die Bukett- und Aromastoffe des Weines feiner in Erscheinung treten. Man spricht in der Weinbranche von der „dienenden" Restsüße. Die Kunst des Kellermeisters ist es, diese Restsüße so abzustimmen, daß sie die übrigen Inhaltsstoffe des Weines unterstreicht, aber nicht geschmacklich überlagert. Auch amerikanische Weine aus unserer deutschen Rieslingrebe werden in USA und Kanada fast durchweg als liebliche Weine angeboten.

Wir müssen nun andererseits aber zugestehen, daß die Süßung der Weine in den zurückliegenden Jahrzehnten und insbesondere zu Beginn der 70er Jahre weit übertrieben wurde. Leider diente die Restsüße oft dazu, kleinen, dünnen Weinen etwas auf die Beine zu helfen, oder sogar Geschmacksfehler vordergründig zu kaschieren. Dies hat dazu beigetragen, die Restsüße des Weines in Verruf zu bringen. Die Fehler sind jedoch erkannt. Das Angebot trockener deutscher Weine hat inzwischen kräftig zugenommen, und bei den lieblichen Weinen wurden die Restzuckergehalte wesentlich zurückgenommen. Viele deutsche Weine werden heute als „halbtrocken" angeboten.

Kann der Wein Kopfweh verursachen? Wenn ja, wo liegen die Ursachen, was kann man dagegen tun?

Klagen über Kopfschmerzen nach Weingenuß hören wir immer wieder einmal; von Frauen häufiger als von Männern. Diejenigen, denen das Weintrinken durch solche persönlichen Probleme versauert ist, suchen natürlich nach den Ursachen und als solche bringen sie häufig zwei Dinge ins Spiel: Die Süße des Weines und „den Schwefel". Die Süße des Weines kann aber wohl nicht die unmittelbare Ursache von Kopfschmerzen sein, denn der Zucker, der in Traubensäften oder Fruchtsäften enthalten ist, steht ja auch nicht in Verdacht, Kopfschmerzen zu verursachen. Wie ist das nun aber mit dem Schwefel, oder besser der schwefligen Säure?

Immer wieder wird von denjenigen, die über Kopfschmerzen als Folge des Weintrinkens klagen, gegen die Weinbranche der unberechtigte Vorwurf erhoben, Weine mit Restsüße würden während der Gärung mit schwefliger Säure „gestoppt", und solche Weine verursachten dem Weintrinker Kopfschmerzen. Dieser Vorwurf rührt daher, daß es die Unsitte des Stoppens mit schwefliger Säure tatsächlich viele Jahrhunderte lang gegeben hat. Noch in den 50er Jahren, teils auch noch zu Beginn der 60er Jahre, wurden in kleineren und unzureichend ausgerüsteten Kellereien Weine durch starkes Schwefeln zum Ende der Gärung süß gehalten. Gott sei Dank gehört diese leidige Geschichte aber heute der Vergangenheit an. Bei den heutigen, gesetzlich festgelegten Höchstwerten an schwefliger Säure ist es nahezu unmöglich, die Gärung durch starkes Aufschwefeln des werdenden Weines zu unterbrechen. In der modernen Kellerwirtschaft wird die Restsüße lieblicher Weine vielmehr - wie schon besprochen - durch Zugabe der sogenannten Süßreserve eingestellt. Diese Süßung führt keineswegs zu einem erhöhten Schwefelbedarf. Bei ordnungsmäßiger Kellertechnik müssen mit Traubensaft gesüßte Weine nicht mehr schweflige Säure enthalten als trockene Weine.

Anders liegen die Dinge bei Weinen der höheren Prädikatsstufen wie hochreifen Auslesen, Beerenauslesen und Trockenbeerenauslesen. Die besondere Qualität dieser Weine verdanken wir der Edelfäule der Trauben, dem Pilz „Botrytis cinerea". Die Pilzhyphen entziehen den vollreifen Beeren einen Teil des Wassers und konzentrieren damit den Zucker, die Säuren und die Aromastoffe. Gleichzeitig geben sie eigene Geschmackskomponenten an die Traubenbeeren ab. Auch die berühmten französischen Weine aus Sauternes und Barsac oder große Tokajer aus Ungarn sind das Produkt dieser Edelfäule. Die Moste, die aus solchen edelfaulen Trauben oder gar einzeln ausgewählten, rosinenartig geschrumpften Beeren gewonnen werden, enthalten oft mehr Zucker, als die Hefe überhaupt zu vergären im Stande ist. Die erhebliche Restsüße bleibt diesen Weinen in den meisten Fällen von alleine erhalten.

In den Ausnahmefällen, in denen die Hefe sich nun aber anschickt, ein Bravourstück zu vollbringen und den gesamten Zucker solch hochgrädiger Moste zu Alkohol zu vergären, wird der Kellermeister eingreifen und nun tatsächlich die Gärung stoppen; aber eben *nicht* mit schwefliger Säure, sondern dadurch, daß er die Hefe aus dem werdenden Wein herausfiltriert. Warum tut er dies? Weil eine Auslese mit 13 oder gar 14 Vol.% Alkohol ohne die „dienende" Edelsüße alkoholisch, brandig schmecken würde. Der Alkohol würde alle feinen Bukettstoffe erschlagen.

Und nun kommen wir zum entscheidenden Punkt: Der Ausbau solch hochwertiger Weine aus edelfaulen Trauben erfordert erhöhte Mengen an schwefliger Säure. Nicht etwa, weil die Gärung mit schwefliger Säure gestoppt werden müßte, sondern weil die Weine schon von den überreifen und edelfaulen Trauben her weit mehr als normale Qualitäten durch Oxidation, Bräunung, Fehlgärungen und negative geschmackliche Beeinflussung gefährdet sind.

Das Weingesetz läßt bei diesen hochwertigen Prädikatsweinen höhere Mengen an schwefliger Säure ausdrücklich zu.

Hochreife Auslesen und Beerenauslesen enthalten außerdem auch größere Mengen an Höheren Alkoholen und anderen Gärungsnebenprodukten, die diesen Weinen zwar die besondere Stoff-Fülle geben, sie aber andererseits weniger bekömmlich machen als Weine einfacherer Qualität. Man sollte deshalb schwere, edelsüße Ausleseweine vernünftigerweise in kleinen Mengen als Dessertweine trinken. Kein vernünftiger Mensch wird sich einfallen lassen, solche sehr teuren Kreszenzen aus dem Viertelesglas zu zechen.

Kommen wir nun zum eigentlichen Thema zurück! Daß empfindliche Menschen, besonders Frauen, nach dem Weintrinken gelegentlich von Kopfschmerz geplagt werden, ist nun offensichtlich eine Tatsache. Wir wollen versuchen, die denkbaren Ursachen dieser Beschwerden aufzuzeigen und Ratschläge zur Abhilfe zu geben. Eine der möglichen Ursachen müssen wir gleich vorweg nennen. Wenn man am Abend Wein in zu großer Menge oder Wein mit scharfen alkoholischen Getränken durcheinander trinkt, dann hat die Leber am folgenden Morgen den Alkohol noch nicht verkraftet und es stellen sich die berüchtigten Katerbeschwerden ein. Erfahrungsgemäß wird besonders derjenige davon geplagt, der bei zu reichlichem Alkoholgenuß gleichzeitig stark raucht, oder auch passiv mitrauchen muß. In der Medizin wird darüber diskutiert, ob Kopfschmerzen nach zu ausgiebigem Alkoholgenuß vielleicht die Folge von Migräne mit entsprechenden Gefäßveränderungen sind. Durch Einnahme von Ergotaminen lassen sich solche Beschwerden beheben, insbesondere wenn dieses Medikament vor dem Trinken genommen wird. Im selben Sinne wirken auch die sogenannten Betablocker, von denen man annimmt, daß sie vermehrt Alkohol in der Leber abbauen (20). Aus ärztlicher Verantwortung können wir aber auf keinen Fall empfehlen, gleich zum Wein oder danach Tabletten zu schlucken. Um Kopfschmerzen der genannten Art zu vermeiden, gibt es nämlich ein einfacheres und viel besseres Mittel: Mäßiges und kontrolliertes Trinken.

Komplizierter und schlimmer liegen die Dinge, wenn jemand keine unsoliden Trinksitten zu beichten hat und trotzdem, auch nach dem Genuß ganz angemessener Weinmengen oder auch anderer alkoholischer Getränke von Beschwerden folgender Art gepeinigt wird: Pulsierende Kopfschmerzen, Blutwallungen, Gesichtsröte, evtl. gesteigerte Herzfrequenz. Diese Symptome gleichen genau denjenigen, die das Alkohol-Entwöhnungsmittel „Antabus" oder „Disulfiram" auslöst. Dieses Medikament wird gelegentlich chronischen Alkoholikern verabreicht, um ihnen den Alkoholkonsum zu verleiden. Es blockiert die Acetaldehyd-Dehydrogenase in der Leber und verhindert somit, daß Acetaldehyd – das unbekömmliche Alkohol-Abbauprodukt – weiter zu Essigsäure zersetzt wird. Jeder Alkoholkonsum wird dann zur Qual.

Menschen, die nun mit den vorgenannten Symptomen und Beschwerden belastet sind, bilden möglicherweise in ihrer Leber nicht genügend Acetaldehyd-Dehydrogenase und würden somit zu den sogenannten „Langsam-Oxidierern" gehören (vgl. S. 32). Die Alkoholunverträglichkeit könnte somit ein unabänderliches Lebensschicksal sein.

Offenbar gibt es aber auch Patienten, die aufgrund einer persönlichen Veranlagung oder Schwäche auch auf die relativ geringen Mengen an schwefliger Säure, die im Wein vorhanden sein dürfen, empfindlich und mit Kopfweh, sozusagen allergisch reagieren. Vielleicht ist die Ursache dafür in folgenden Zusammenhängen zu suchen: Schweflige Säure kann unter ganz bestimmten Umständen das Vitamin B_1 in unserer Nahrung zersetzen. Im Normalfall wird diese Zersetzung zwar durch die Säureverhältnisse in unserem Verdauungstrakt verhindert. Dennoch ist es durchaus denkbar, daß bei besonders empfindlichen Menschen abweichende Säureverhältnisse im Magen gegeben sind. Ein Mangel an Vitamin B_1 würde den Kohlehydrat-Stoffwechsel stören und auch den Alkoholabbau in der Leber hemmen. Wenn nun besonders empfindliche Weintrinker darüber klagen, daß ihnen gerade die süßen Weine Beschwerden bereiten, so paßt dies insoweit ins Bild, als einerseits der unvergorene Zucker im Vitamin-B-abhängigen Kohlehydrat-Stoffwechsel abgebaut werden muß und andererseits süße Ausleseweine im allgemeinen auch erhöhte Mengen an schwefliger Säure enthalten.

Abweichende Säureverhältnisse und insbesondere eine Untersäuerung des Magens können darüber hinaus die an Weininhaltsstoffe gebundene schweflige Säure schneller und stärker freisetzen, so daß diese den Organismus mehr belastet. Man nimmt an, daß das Schwefeldioxid dann schnell ins Blut übertritt, dort Sauerstoff bindet und über einen Sauerstoff-Mangel im Gehirn die leidigen Kopfschmerzen auslöst.

Denjenigen Weinfreunden, die glauben, sich aufgrund dieser Schilderung zu den besonders Magen-sensiblen und allergisch auf schweflige Säure reagierenden Menschen zählen zu müssen, möchten wir die folgenden praktischen Ratschläge geben:

1. Ziehen Sie Ihren Arzt zu Rate und lassen Sie die Regulation Ihrer Magensäure und der Verdauungssekrete prüfen, um aufgezeigte Fehlsteuerungen evtl. behandeln zu können.
2. Vermeiden Sie es, schwere, hochreife und süße Ausleseweine in Quanten zu trinken, die über den Inhalt eines Likörglases hinausgehen. Bevorzugen Sie einfache, trockene Weine. Prüfen Sie, ob Ihnen Rotweine, für deren Ausbau im allgemeinen geringere Mengen schwefliger Säure benötigt werden, besser bekommen als Weißweine. Wenn auch diese Ratschläge nicht helfen, dann gehen Sie noch einen Schritt weiter. Versuchen Sie, ob Diabetiker-Weine, deren Gehalt an schwefliger Säure noch strenger als bei den übrigen Weinen limitiert ist und die nur minimale Mengen an Zucker enthalten dürfen, Ihr Problem lösen.
3. Sorgen sie für eine reichliche Zufuhr von Vitamin B_1 in Ihrer Nahrung, notfalls auch über ein ärztlich verordnetes Präparat.

Kann man etwa durch alternativen oder sogenannten ökologischen Rebbau gesündere Weine erzeugen?

Die Kritik an der Verwendung chemischer Hilfsstoffe in der Landwirtschaft wird leider oft im Rundumschlag vorgetragen. Alle chemischen Hilfsmittel der Agrarproduktion werden verteufelt. Sogar die mineralische Düngung der Kulturpflanzen, durch Justus von Liebig eine der größten Errungenschaften der Wissenschaft und sicherlich die heutige und vor allem künftige Grundlage der Nahrungsproduktion für eine rapide wachsende Weltbevölkerung, wird groteskerweise in Frage gestellt. Wie so oft ist man geneigt, das Kind mit dem Bade auszuschütten, wo es doch nur darum geht, Mißbrauch und Übertreibungen abzustellen und die Hilfsmittel der Chemie sinnvoll, maßvoll und umweltschonend einzusetzen.

Die Verfechter der sogenannten organisch-biologischen oder biologisch-dynamischen Wirtschaftsweisen glauben denn auch, das Wort „biologisch" für sich pachten zu können. Sie erwecken den Eindruck, als ob allein ihre Produkte unter Nutzung natürlicher biologischer Abläufe erzeugt seien und alle anderen Agrarprodukte aus der chemischen Retorte stammen.

Die Düngung der Reben

Unsere Reben wachsen nicht im ungestörten, natürlichen Ökosystem eines Urwaldes, wo sich ein selbstregelnder, autarker Kreislauf von Stoffumsetzungen abspielt. Durch die Rodung von Naturlandschaften, auch durch den Anbau der Reben in geschlossenen Weinbergslagen, hat der Mensch natürliche Ökosysteme zerstört. Ein Zurück zur unberührten Natur und zur Kulturstufe der Sammler und Jäger kann es nicht geben. Schon unsere Vorväter konnten nicht mehr vom Ertrag der Jagd und des Sammelns leben. Was sonst hätte sie bewegen können, Pfeil und Bogen gegen Pflug und Sense einzutauschen, bzw. ihrer Jagdleidenschaft abzuschwören, um sich dem Joch der schweren Arbeit in Feld und Weinberg und der dauernden Pflege der Haustiere zu unterwerfen.

Die Früchte der Rebe zweigt der Mensch für seinen Bedarf ab. Er unterbricht somit den Stoffkreislauf des künstlichen Ökosystems Weinberg und entzieht dem Weinbergsboden erhebliche Mengen an Pflanzennährstoffen. Mit einer durchschnittlichen Mosternte von 100 Hektolitern pro Hektar werden beispielsweise dem Boden alljährlich ca. 35 bis 40 kg Stickstoff, 5 bis 7 kg Phosphor, die beachtliche Menge von 50 bis 60 kg Kalium, weiterhin 3 bis 5 kg Magnesium und 6 bis 12 kg Calcium entzogen. Diese Nährstoffe dienen teils der Hefe als Nahrung, teils setzen sie sich als Weinstein im Gärgebinde oder später in der Flasche ab. Zu einem nicht geringen Teil sind sie jedoch als die so hoch geschätzten Mineralbestandteile im Wein gelöst. In Form dieser Mineralbestandteile des Weines werden erhebliche Mengen an Pflanzennährstoffen nicht nur dem Boden entzogen, sondern auch unwiederbringlich aus dem Weinbaubetrieb exportiert. Wer dem Weinbergsboden diese Nährstoffe nicht in anderer Form zurückgibt, treibt Raubbau am Boden zum Nachteil kommender Generationen. Er verstößt dazu noch gegen die Grundregel einer verantwortlichen Bodenbewirtschaftung, weil er langfristig die Erhaltung und Steigerung der Bodenfruchtbarkeit nicht sichert.

Eine Düngung des Weinbergbodens ist somit unverzichtbar. Die Frage, die heute leider oft mit weltanschaulichem Eifer diskutiert wird, ist nur, in welcher Form dem Boden diese Nährstoffe zurückgegeben werden. Die Verfechter der alternativen Landbaumethoden wollen hierzu nur Kompost, Stallmist und allenfalls noch Steinmehl zulassen. Aus der Sicht der Pflanzenernährung ist es jedoch völlig unwichtig, in welcher Form diese Nährstoffe in den Weinbergsboden zurückgelangen. Die Rebwurzel kann überhaupt nicht unterscheiden, ob beispielsweise ein in der Bodenlösung vorgefundenes Kalium-Ion aus zerrottetem Kompost stammt oder in den Kalisalzlagern gewonnen und aus dem Düngersack gestreut wurde. Die Rebwurzel kann Nährstoffe aus dem Boden sowieso, von wenigen Ausnahmen abgesehen, nur in anorganischer Form aufnehmen. Die in organischen Düngern wie Kompost und Stallmist enthaltenen Nährstoffe müssen erst von den Mikrolebewesen des Bodens freigesetzt (mineralisiert) werden, sonst kann die Rebwurzel sie nicht verwerten. Aus dieser Sicht ist der Disput über die relative Vorzüglichkeit von anorganischer oder organischer Düngung eigentlich völlig unsinnig.

Nun darf dies aber nicht so verstanden werden, als ob die Düngung mit Kompost, Torf, Stallmist und anderen organischen Materialien überflüssig sei. Im Gegenteil, sie ist gerade auf den warmen, trockenen und steinigen Weinbergsböden besonders wichtig. Die Zufuhr organischen Materials bringt Nahrung für die Mikrolebewesen des Bodens. Sie macht den Boden gar, d.h. luftig, locker und biologisch aktiv. Sie verhindert das oberflächliche Verschlämmen und mindert so das Ablaufen von Wasser und die Erosion des Bodens bei Gewitterregen. Zur Erhaltung der Bodenfruchtbarkeit ist die organische Düngung also ebenso wichtig wie die mineralische. Es gibt aber gar keinen Grund, alle die von der Rebe benötigten Nährstoffe nur in Form organischen Materials oder in Form von Gesteinsmehlen dem Boden zuzuführen, wie dies die sogenannten Öko-Winzer anstreben.

Warum konnte es aber überhaupt zu so einseitigen Forderungen kommen und warum finden diese immer mehr Anhänger und Befürworter? Es gab und gibt durchaus Mißstände und kritikwürdige Entwicklungen in der Bodenbewirtschaftung, und solche Entwicklungen lösen bekanntlich Gegenentwicklungen aus. Das Pendel schlägt immer nach zwei Seiten. Da wurde aus einem technokratisch-ökonomischen Denken heraus die organische Humusdüngung vernachlässigt, das letzte Unkräutchen im Weinberg vernichtet, die Böden mit immer schwereren Weinbergstraktoren plattgewalzt und damit die Bodenstruktur zerstört. Die negativen Folgen glaubte man dann durch immer kräftigere Gaben aus dem Düngersack kompensieren zu können. Einige Weinbergsböden wurden mit so großen Mengen an mineralischen Nährstoffen aufgedüngt, wie die Reben sie auf viele Jahre hinaus nicht verwerten können. Überhöhte Gaben mineralischen Stickstoffs haben mancherorts das Grundwasser in bedenklicher Weise mit Nitrat angereichert. Solche Mißstände haben nun die Öko-Bewegung auf den Plan gerufen. Ihr Verdienst ist es, Fehlentwicklungen angeprangert und den Finger auf die Wunden gelegt zu haben.

Inzwischen hat jedoch auf breiter Front ein Umdenken begonnen. Die Begrünung der Rebanlagen hat sich überall da durchgesetzt, wo sie möglich ist. Man sät unter den Reben Gras oder Kleegrasgemisch oder läßt einfach die natürliche

Unkrautvegetation wachsen und mäht den Bewuchs regelmäßig ab. So wirkt man der Monokultur Weinbau etwas entgegen und läßt einem gewissen Artenreichtum von Pflanzen eine Chance. Der begrünte Boden ist biologisch aktiver, lockerer und garer. Er nimmt Regenwasser schneller auf und wird bei Starkregen weniger von den Rebhängen abgeschwemmt. Auch bei der Dosierung des Mineraldüngers hat man gelernt, mehr nach dem tatsächlichen Bedarf der Reben und nicht mehr nach „Schema F" zu düngen. Diese positiven Veränderungen wurden auch durch die wesentliche Verteuerung der mit teils hohem Energieaufwand hergestellten Mineraldünger gefördert. Die Entwicklung geht also in die rechte Richtung. Aber sie wird ganz bestimmt nicht mit einem völligen Verzicht auf die mineralische Düngung enden können, wie manche dies zu propagieren versuchen. Bei den heutigen Traubenerträgen unserer gesunden, leistungsfähigen Reben ist es kaum möglich, dem Weinbergsboden die nötigen Pflanzennährstoffe nur in organischer Form zuzuführen. Wenn dies früher möglich war, dann nur deshalb, weil die Traubenerträge auf einem für heutige Verhältnisse unwirtschaftlich niedrigen Niveau lagen. Schließlich ist zu bedenken, daß man in früheren Zeiten den Weinbergen mit reichlichen Stallmistgaben Pflanzennährstoffe zuführte, die aus dem Stoffkreislauf der Feld- und Weidewirtschaft zu deren Nachteil abgezweigt waren.

Der Leser wird sich nun fragen, warum wir diese sehr speziellen agronomischen Fragen so ausführlich erörtern. Wir tun dies bewußt, weil bestimmte Leute glaubhaft machen wollen, Weine von Reben, die nur Kompost und keine Düngung aus dem Düngersack erhielten, seien biologisch wertvoller als andere Weine. Das Groteske daran ist dies: Meist kommen solche Weine angeblich ungedüngter Reben von Böden die über Jahrzehnte mit mineralischen Nährstoffen reich versorgt wurden und einen so großen Nährstoffvorrat besitzen, daß man ohne wesentliche Ertragseinbußen die mineralische Düngung auf einige Jahre aussetzen kann. Wenn nun aber die Weine nur deshalb als „biologisch höherwertig" herausgestellt werden, ist dies schlicht und einfach Unsinn. Wir raten dem Weinfreund, derartigen Anpreisungen grundsätzlich zu mißtrauen. Es ist mehrfach wissenschaftlich bewiesen, daß Produkte von Pflanzen, die mit allen wichtigen Nährstoffen harmonisch versorgt sind, diätetisch nicht minderwertiger, sondern besser als Produkte ungenügend ernährter Pflanzen sind. Dies trifft auch für den Weinbau zu. Nur eine harmonisch und voll ernährte Rebe kann gesund wachsen, eine reiche Traubenernte und einen mineralstoffreichen Wein liefern. Mit einer gezielten und harmonischen Mineraldüngung wird die Qualität des Weines weder geschmacklich noch in seiner biologischen Wertigkeit verschlechtert, sondern im Gegenteil verbessert.

Der Schutz der Reben gegen Krankheiten und Schädlinge

In früheren Zeiten gab es noch keine chemischen Mittel zum Schutz der Reben. Man versuchte, die Schädlinge von den Rebstöcken abzusammeln. In den Winzerdörfern wurden Schulklassen mobilisiert, um durch Abklopfen der Reben die Motten des Heu- und Sauerwurms aufzujagen und sie dann mit Klebfächern zu fangen. Doch mit solch unzureichenden Methoden konnte man der Schädlinge nicht Herr werden. Das Ausmaß der Schäden war oft verheerend. So trug der Pfarrer der Insel Reichenau im Jahre 1713 folgende Notiz im Kirchenbuch ein: „Die Würmer haben den Trauben so geschadet, daß die Leute in die größte Noth gekommen sind und man von acht Jauchert Herrschaftsreben nur sechs Eimer Wein erhielt" (8 Jauchert = 2,88 Hektar).

Heute verfügt der Winzer über beste Mittel und Gerätschaften, um seine Reben gegen Krankheiten und Schädlinge zu schützen. Aber auch der Einsatz dieser Mittel wird in neuerer Zeit angeprangert, ähnlich wie die mineralische Düngung. Doch die beiden Dinge liegen auf ganz verschiedenen Ebenen. Mit den Mineraldüngern werden ja lediglich Nährstoffe in den Boden gebracht, die das Wachstum der Pflanzen begünstigen und damit Leben fördern. Anders bei der Schädlingsbekämpfung. Die hier verwendeten Mittel sind „Biozide", d. h. Leben tötende Substanzen. Sie sind teilweise giftig und greifen auf alle Fälle in die Biozönose, die Lebensgemeinschaft eines Weinbergs ein. Dies ist sogar ihre Aufgabe. Sie sollen der Rebe tierische Schädlinge, Schadpilze und konkurrierende Unkräuter vom Leib halten. Sie sollen das Überleben des Rebstockes und eine reiche Ernte gesunder Trauben sichern.

Der Einsatz der Rebschutzmittel richtet sich vor allem gegen folgende Schaderreger:

1. Pilzkrankheiten der Rebe:

Echter Mehltau = Äscherich = Oidium
Falscher Mehltau = Blattfallkrankheit = Peronospora
Sauerfäule = frühe Traubenfäule = Botrytis
Schwarzfleckenkrankheit des Holzes = Phomopsis
Roter Brenner = Pseudopeziza

2. Tierische Schädlinge:

Traubenwickler
Spinnmilben und Gallmilben
Springwurm
Knospenfresser (Erdraupen, Rhombenspanner, Dickmaulrüßler)

Nun wirken die eingesetzten Mittel aber nicht nur gegen den zu bekämpfenden Schadorganismus, sondern oft auch gegen andere, ungefährliche oder sogar nützliche Arten. Man darf nie außer acht lassen, daß die Rebschutzmittel möglicherweise auch natürliche Gegenspieler der Schädlinge vernichten oder sogar, indem sie biologische Gleichgewichte stören, das Auftreten neuer Schaderreger begünstigen. Darüber hinaus können die Mittel auch Kleintiere und Mikroorganismen des Bodens schädigen. Es ist somit verständlich, daß besorgte Natur- und Umweltschützer vor den Folgen solcher Eingriffe in die Natur warnen. Die ökologischen Folgen des chemischen Pflanzenschutzes sind in der Vergangenheit tatsächlich zu wenig beachtet worden. Die Sorgen und Warnungen der Naturschützer dürfen daher auf keinen Fall in den Wind geschlagen werden.

Dennoch kann der Weinbau keine Vorschläge akzeptieren, die auf unrealistischen, weltanschaulich verbrämten Ideen basieren und zu überzogenen Forderungen führen. Da gibt es Idealisten, die von einem sich selbst regulierenden Ökosystem Weinberg träumen und glaubhaft machen wollen, die Rebe könne sich gegen Krankheiten und Schädlinge selbst wehren, wenn sie nur auf einem gesunden, humusreichen Boden wachse und in ihrer natürlichen Umwelt stehe. Einige Übereifrige behaupten sogar, die Reben würden nur deshalb von Krankheiten und Schädlingen befallen, weil die Winzer sie als Monokultur in geschlossenen Reblagen anbauen und zu gut pflegen und düngen. Wer solche Ideen vorträgt, sollte zunächst einmal die geschichtlichen Ereignisse kennen, die dazu geführt haben, daß unsere europäischen Kulturreben in einem solchen Ausmaße von Krankheiten und Schädlingen bedroht werden.

Um 1845 wurde mit amerikanischen Reben, die man für gärtnerische Liebhaberzwecke nach Europa gebracht hatte, der Echte Mehltau der Reben, das Oidium eingeschleppt. Die Krankheit trat erstmals in England, bald danach aber auch auf dem Festland auf. Bei der Suche nach einer Abwehr experimentierte man mit weiteren, nunmehr Oidium-widerstandsfähigen Amerikanerreben. Niemand konnte ahnen, daß man unbewußt den Versuch unternahm, Beelzebub mit dem Teufel auszutreiben. Denn mit den Oidium-festen Reben aus USA wurde die Reblaus, der gefährlichste Schädling der europäischen Kulturreben, nach Europa eingeschleppt. Da sich Unglücke meist in Serie ereignen, kam noch ein weiteres hinzu. Zwischen 1875 und 1880 trat allenthalben in den Weinbergen der Falsche Mehltau (Peronospora) auf. Auch diese Krankheit war aus Nordamerika durch unvorsichtiges Hantieren mit amerikanischen Reben eingeschleppt worden.

Der europäische Weinbau wurde durch diese biologischen Unfälle in seinen Grundfesten erschüttert. Gegen die beiden Mehltaukrankheiten war zunächst kein Kraut gewachsen. Die Weinerzeugung wurde zum „Vabanque-Spiel". Schädlings- und Krankheitskalamitäten konnten innerhalb weniger Wochen die Ernte eines Jahres vernichten. Die Reblaus verbreitete sich von Bordeaux aus über alle Rebbaugebiete Europas und richtete verheerende Schäden an. Viele Millionen Rebstöcke wurden vernichtet. Besonders in Südfrankreich verloren zigtausend Winzerfamilien ihre Existenz. Diese biologischen Katastrophen setzten denn auch eine systematische Forschungs- und Züchtungsarbeit im Weinbau in Gang. Jahrzehnte waren notwendig, um zunächst die Reblausgefahr zu bannen. Heute werden unsere klassischen, europäischen Rebsorten auf die reblausfeste Wurzel von Unterlagsreben gepfropft, die die Rebenzüchter aus amerikanischen Arten entwickelt haben. Die Reblaus wurde also nicht durch Giftstoffe, sondern mit einem biologischen Trick besiegt; durch eine Methode, die nicht als Projekt in den Köpfen alternativer Reformer unserer Tage ausgetüftelt ist, sondern seit langem weltweit auf Millionen Hektar Rebland funktioniert. Mit dem Pfropfrebenbau hatten die Winzer in der Geschichte des Kulturpflanzenbaus das erste große klassische Beispiel der biologischen Schädlingsbekämpfung bereits vorexerziert, lange bevor Öko-Reformer unserer Tage diese auf ihr Panier erhoben haben.

Gegen die Mehltaukrankheiten aber müssen unsere Winzer seit nunmehr einem Jahrhundert fünf- bis siebenmal im Jahr, von Anfang Mai bis Anfang August, spritzen. Die europäischen Reben besitzen keinen natürlichen Abwehrmechanismus gegen diese Krankheiten. Nur die amerikanischen Rebarten konnten in einem Millionen Jahre dauernden Evolutionsprozeß solche Abwehrkräfte entwickeln. Ohne chemischen Schutz gegen Mehltau wären unsere klassischen europäischen Rebsorten zum Aussterben verdammt. Die Forderung der Anhänger eines „alternativen Weinbaus", man müsse die Rebe wieder in ihre natürliche Umwelt einbetten, damit sie sich gegen die Schädiger selbst wehren kann, ist folglich unsinnig und unerfüllbar. Durch die Verschleppung der Schadorganismen von einem Kontinent auf den anderen ist das natürliche Ökosystem der europäischen Reben irreparabel gestört. Versuche, die chemischen Pilzbekämpfungsmittel durch biologische Präparate zu ersetzen, sind bisher immer wieder gescheitert. Auch die „Öko-Winzer" können daher auf Schwefelpräparate und synthetische Kupfermittel bei der Mehltau-Bekämpfung nicht verzichten.

Die Rebenzüchtung hat seit langem andere Wege beschritten, um in Zukunft die Mehltaukrankheiten ebenso biologisch zu überwinden wie die Reblaus. Durch eine konsequente, seit nunmehr 130 Jahren betriebene Kreuzungszüchtung ist es gelungen, mittels der Bastardierung amerikanischer Wildreben und europäischer Kultursorten und der anschließenden mehrfachen Rückkreuzung mit europäischen Varietäten, qualitätsträchtige, neue Rebsorten zu züchten, die gegen die Mehltaukrankheiten genetisch widerstandfähig sind. Solche neue Sorten sind seit den 70er Jahren bei den staatlichen Weinbauanstalten in allen deutschen Anbaugebieten erprobt worden und stehen nun auch bei zahlreichen Winzerbetrieben im Versuchsanbau. Die bisherigen Erfahrungen sind sehr vielversprechend. Die Winzer werden vom Druck der termingebundenen Spritzungen entbunden. Die Weinbergsarbeit wird wesentlich erleichtert, besonders in den steilen Lagen. Die Umwelt wird von chemischen Pflanzenschutz-Mitteln verschont. Die für die Herstellung und Ausbringung dieser Mittel nötige Energie kann eingespart werden.

Gegen eine überstürzte Zulassung und allgemeine Anpflanzung solcher resistenter Neuzuchten gibt es allerdings auch viele Bedenken. Die Rebkultur ist schließlich sehr traditionsgebunden. Eine Rebanlage steht zudem 25 bis 30 Jahre. Auch der Weinfreund und Kunde ist mit den alten, klassischen Rebsorten vertraut. Neue Sorten und Sortennamen könnten ihn verwirren. Der Weinbau kann sich deshalb nicht auf einen abrupten Kurswechsel einlassen. Zu viel steht auf dem Spiel. Zunächst müssen weitere Erfahrungen mit den resistenten Neuzuchten gesammelt werden.

Ein Schutz der Reben gegen Krankheiten und Schädlinge ist somit vorerst unverzichtbar. Guter und gesunder Wein kann nur von gesunden Reben kommen. Ein Wein aus Trauben, die von Mehltaupilzen verdorben und von Schädlingen zerfressen sind, schmeckt widerlich und kann niemals diätetisch wertvoller sein als ein Wein aus gesunden Trauben.

Können Rückstände von Rebschutzmitteln in den Wein gelangen?

Den Weinfreund wird nun aber in erster Linie interessieren, ob durch die Schädlingsbekämpfung im Weinberg Rückstände von Pflanzenschutzmitteln und eventuell gesundheitsschädliche Stoffe in den Wein gelangen können.

Man muß zunächst wissen, daß die Verwendung der Pflanzenschutzmittel strengen gesetzlichen Regelungen unterliegt. Die Bundesrepublik Deutschland nimmt für sich in Anspruch, das strengste Pflanzenschutzgesetz der Welt zu haben; und dieses dient vor allem dem Schutz des Verbrauchers. Bevor ein neu entwickeltes Pflanzenschutzmittel zugelassen wird, muß es jahrelange Prüfungen durchlaufen. Die Zulassung ist stets befristet. Die Mittel werden vor Ablauf der Zulassung von den Behörden *erneut* auf eventuelle, unvertretbare Einflüsse auf Mensch, Tier und Umwelt geprüft. Die Prüfungen beziehen sich unter anderem auf die Wirksamkeit gegen die Schadorganismen, die Verträglichkeit für die Pflanzen, dann auf die akute und chronische Toxizität (Giftigkeit). Hierbei wird auch geprüft, ob der Wirkstoff eine krebsauslösende oder erbgutverändernde Wirkung hat. Es folgen Untersuchungen über das Rückstandsverhalten, über das Verhalten in Wasser und Boden, die Bienengefährlichkeit und im Falle des Weinbaus auf Gärbeeinflussung und etwaige Geschmacksbeeinträchtigung des Weines. Erst wenn ein Mittel in all diesen Prüfungen seine Unbedenklichkeit bewiesen hat, wird es von der Biologischen Bundesanstalt im Einvernehmen mit dem Bundesgesundheitsamt zugelassen.

Die Höchstmengen-Verordnung nach dem Pflanzenschutzgesetz legt fest, welche Rückstandsmengen von Pflanzenschutzmitteln in einem pflanzlichen Lebensmittel geduldet werden. Die geduldeten Höchstmengen entsprechen der Grenzkonzentration einer Substanz, die nach heutigem Wissensstand tagtäglich, lebenslang ohne gesundheitliche Beeinträchtigung aufgenommen werden kann. Die Überwachung der Lebensmittel wird vom Wirtschaftskontrolldienst und den Lebensmitteluntersuchungsämtern vorgenommen.

Was nun die Bekämpfung der Krankheiten und Schädlinge der Reben betrifft, sollte man folgende Fakten festhalten: Die zur Bekämpfung der Mehltaukrankheiten eingesetzten Mittel gehören keiner Giftklasse an. Die bisher gegen Schadinsekten und Milben verwendeten Mittel, von denen einige als giftig eingestuft sind, werden immer mehr durch die biotechnischen und biologischen Bekämpfungsmethoden ersetzt (s. S. 63).

Die Spritzungen werden spätestens Anfang August, also rund zwei Monate vor der Traubenernte abgeschlossen. In der Zeit bis zur Weinlese werden die aufgebrachten Mittel zum großen Teil unter dem Einfluß der Atmosphärilien chemisch zersetzt und abgewaschen. Die gesetzlich vorgesehenen Wartezeiten zwischen Anwendung und Ernte, die für die meisten Mittel 28 bis 35 Tage betragen, werden im Weinbau weit überschritten.

Die Frage, ob Rückstände von Pflanzenschutzmitteln in den Wein gelangen, wurde am Staatlichen Weinbauinstitut in Freiburg von Dr. E. Lemperle über Jahre hin eingehend untersucht (26). Dabei zeigte sich, daß bereits die Wirkstoffkonzentrationen auf den Trauben zur Zeit der Ernte weit unter den Toleranzmengen der Höchstmengen-Verordnung liegen. Von diesen geringen Wirkstoffmengen gelangt dann wiederum nur etwa die Hälfte in den Preßmost. Die andere Hälfte bleibt auf den Beerenschalen und Traubenstielen zurück. Durch das Vorklären des Mostes mittels Zentrifugieren oder Absitzenlassen werden die Wirkstoffspuren nochmals auf ein Zehntel und weniger vermindert (52).

Die Hefe als biologischer Filter

Nun kommt aber noch etwas Entscheidendes hinzu. Zwischen Most und Wein ist sozusagen ein biologischer Filter eingeschaltet, die Hefe. Die äußerst geringen Spuren von Bekämpfungsmitteln, die in den ungegorenen Most gelangen können, werden von der Hefe während der Gärung fast vollständig ausgeschieden.

Diese Tatsachen machen es verständlich, daß bei einem Großteil unserer Weine selbst mit der feinsten Analysenmethodik keine Rückstände von Pflanzenschutzmitteln gefunden werden. Nur in wenigen Fällen ist es gelungen, in Weinen geringste und gesundheitlich gänzlich unbedenkliche Spuren von weniger als einem Zehntel der für Weintrauben und andere Früchte gesetzlich festgelegten Höchstmengen von Rebschutzmitteln nachzuweisen, wobei diese Mittel nicht etwa als giftig gelten. Der Nachweis ist überhaupt nur möglich, weil die Analysenmethoden heute so unglaublich verfeinert sind, daß man – im reellen Größenvergleich ausgedrückt – ein Roggenkorn in 100 000 Tonnen Weizen aufspüren könnte (52).

Wir können zusammenfassend folgern, daß der Wein als Gärungsprodukt bezüglich möglicher Rückstände von Pflanzenschutzmitteln noch weit besser dasteht als viele andere pflanzliche Produkte. Die Bekämpfung der Krankheiten und Schädlinge der Rebe läßt keine gesundheitlich bedenklichen Wirkstoffmengen in den Wein gelangen.

Denken die Winzer beim Rebschutz auch an die Umwelt?

Wenn unsere Winzer nun trotzdem darum bemüht sind, chemische Rebschutzmittel so wenig wie nur möglich einzusetzen, dann nicht, weil hierzu wegen etwaiger Rückstände im Wein, also aus Gründen des Verbraucherschutzes eine Notwendigkeit bestünde, sondern zum einen aus Kostengründen und zum anderen aus Rücksicht auf die Umwelt. Der Rebschutzforschung ist es in den zurückliegenden Jahren gelungen, die Methoden der Befallsprognose wesentlich zu verbessern. Die Bekämpfungsmittel sollen gezielt, im genau richtigen Moment und nur im wirklichen Bedarfsfall eingesetzt werden.

Ein interessantes Beispiel hierfür sind die erfolgreich arbeitenden Peronospora-Warngeräte. Die Kenntnisse über die Lebensbedingungen des Peronospora-Pilzes sind in den letzten Jahren durch einschlägige Forschungsarbeiten des Staatlichen Weinbauinstitutes in Freiburg verbessert worden. Auf der Grundlage dieser Erkenntnisse haben nun mehrere Fachfirmen elektronische Warngeräte entwickelt, welche die Infektionsgefahr vorausberechnen. Diese kleinen Computer registrieren inmitten eines Weinbergs im Minutentakt Lufttemperatur, Luftfeuchte und Blattbenetzung der Reben. Sie berechnen daraus, wann die Inkubationszeit des Pilzes abgelaufen ist und wann mit einem Ausbruch von Sporen gerechnet werden muß. Die Winzer finden die Warnanzeige als Anschlag an einer zentralen Stelle des Dorfes, oder sie können sie per Anrufbeantworter telefonisch erfragen. Solange keine Warnung gegeben ist, braucht gegen Peronospora auch nicht gespritzt zu werden. Eine treffsichere Bekämpfung im exakt richtigen Moment löst also die bisher vorbeugenden Behandlungen ab. Der Erfolg: Ein bis drei Spritzungen im Jahr werden eingespart.

Ein weiteres Beispiel einer solchen Befallsprognose, die inzwischen sogar zu einem biotechnischen Bekämpfungsverfahren weiterentwickelt wurde, ist die Überwachung des Auftretens der Traubenwickler mit Hilfe der sogenannten „Sexfallen". Die männlichen Motten des Traubenwicklers orientieren sich auf ihrem Begattungsflug an einem von den Weibchen abgegebenen Duftstoff, dem sogenannten Pheromon. Diesen Duftstoff hat die Forschung isoliert und analysiert. Er wird heute von der BASF in Ludwigshafen synthetisch hergestellt. Die erwähnten Sexfallen sind Duftstoff enthaltende Pappkästchen, die, in den Reben aufgehängt, die männlichen Motten anlocken und an einer leimbeschichteten Fläche fangen. Die ehrenamtlichen Rebschutzwarte kontrollieren nun die Zahl der gefangenen Motten und melden sie an den zentralen Rebschutzdienst.

Bei Beginn des Mottenfluges bestücken dann die Winzer in Gemeinschaftsaktion ganze Rebgemarkungen mit Duftstoff-verströmenden Plastikampullen. Auf diese Weise werden die männlichen Motten verwirrt. Sie verlieren die Orientierung. Statt sich um die Weibchen zu bemühen, flanieren oder balzen sie um die Plastikkapseln herum. Die unbegatteten Weibchen legen folglich unbefruchtete Eier, aus denen keine traubenschädigenden Räupchen schlupfen. Der Erfolg: Giftige und umweltbelastende Insektizide konnten durch synthetische Pheromone ersetzt werden, die keinerlei Auswirkung auf andere Organismen und die Umwelt haben.

Den Fortschritt, der mit dem Einsatz der Pheromone erzielt wurde, kann man nicht hoch genug einschätzen, wenn man bedenkt, daß bis zum Verbot im Jahre 1942 chronisch giftiges und nicht abbaubares Arsen zur Bekämpfung der Traubenwickler verwendet wurde. Die schweren Haut- und Leberschäden, die der Umgang mit Arsen bei den Winzern auslöste, sind als die „Kaiserstühler Krankheit" in die Lehrbücher der Medizin eingegangen. Verwundern muß allerdings, daß einige fehlinformierte Kritiker das alte Arsenproblem heute, nach einem halben Jahrhundert, noch hervorkramen und den Winzern zum Vorwurf machen. Am schlimmsten daran ist, daß gelegentlich gar der Eindruck erweckt wird, als würde auch heute noch in den Reben mit Arsen gespritzt.

Die Beispiele für solche, teils in Entwicklung stehende, teils bereits in der Praxis realisierte Methoden und Techniken einer umweltgerechten Bewirtschaftung der Reben ließen sich fortsetzen. Das Bemühen um einen umweltschonenden Weinbau kann heute jedenfalls nicht mehr als Domäne derer gelten, die sich selbst als „Öko-Winzer" klassifiziert haben. Der Umwelt würde es auch wenig nützen, wenn sich einige wenige als sogenannte Öko-Winzer profilieren, die große Mehrheit der Winzer aber fortlaufend gegen die Umwelt sündigen würde. Die Entwicklung läuft richtig: Unsere Winzer *insgesamt* sind mit Erfolg um einen naturnahen, umweltschonenden Weinbau bemüht. Sie werden dabei von den Fachkräften an den weinbaulichen Versuchs- und Forschungsanstalten nachhaltig unterstützt. Um auf den heute erreichten Stand zu kommen, war systematische Forschung, intelligente Technik, ja sogar Elektronik und Chemie erforderlich. Die vorweg beschriebenen Beispiele zeigen dies. Bio-Mystik kann die Probleme nicht lösen.

Man darf mit Fug und Recht behaupten: Die deutschen Winzer sind in der Entwicklung eines umweltgerechten Weinbaus heute weltweit führend.

7. Der gesundheitsdienliche Weingenuß – Maß statt Masse

Der Weinfreund möchte konkret wissen, wo die Grenze zwischen Maß und Masse beim Weingenuß zu ziehen ist. Wir wollen hierzu eine klare und medizinisch begründete Antwort geben.

Die Weinverträglichkeit ist zunächst eine Sache der körperlichen Konstitution. Männer vertragen allgemein mehr Wein als Frauen (siehe dazu auch Seite 31). Ein Mann von kräftigem Körperbau kann wiederum mehr trinken als ein schmächtig gebauter. Ausnahmen soll es geben. Die Lebensweise spielt ebenso eine wichtige Rolle. Wer schwer körperlich arbeitet und entsprechend derbe Kost ißt, darf mehr Wein genießen als ein Geistesarbeiter, der mit Knäckebrot ernährt hinter seinem Schreibtisch kauert.

Offenbar ist die Alkoholverträglichkeit auch eine Frage der Gewöhnung. Prof. Reich schreibt in seinem Buch: Weinkompendium für den Arzt (35): „Es gibt Menschen, die mit einem gewissen Wohlbehagen täglich eine für andere nahezu tödliche Menge Alkohol zu sich nehmen. Bei sonst Abstinenten treten Vergiftungserscheinungen am ehesten auf." Diese unterschiedliche Verträglichkeit führt Prof. Reich auf eine Gewöhnung der Nervenzellen zurück. Aus ärztlicher Verantwortung müssen wir jedoch jeden Weinfreund davor warnen, eine solche Gewöhnung bewußt trainieren zu wollen.

Für die meisten Menschen ergibt sich schon aus den Alltagspflichten eine Grenze des täglichen Weinkonsums. Wer an seinem Arbeits- oder Ausbildungsplatz Leistung und gute Arbeit zu bringen hat oder als Hausfrau und Mutter in der Sorge für die Familie steht, kann sich einen ungehemmten Weingenuß schon deshalb nicht leisten, weil sowohl die dauerhafte Weinseligkeit als auch eine Katerstimmung dem abstrakten und konzentrierten Denken und der angespannten Aufmerksamkeit, wie sie heute an den meisten Arbeitsstätten gefordert werden, im Wege stehen. Der Weinfreund und Weingenießer handelt vernünftig, wenn er seinen Wein in kleiner Menge zum Mittagessen und etwas reichlicher zur abendlichen Entspannung trinkt.

Strenge medizinische Gegenindikationen gegen jeglichen Genuß von Wein und anderen alkoholischen Getränken bestehen bei folgenden Gebrechen oder Erkrankungen:

- Hirnschädigung durch Verletzung, Verwundung oder als Folge einer Infektionskrankheit
- Epilepsie
- Allergische Alkoholintoleranz (Idiosynkrasie)
- Psychosen
- Lebererkrankungen, Magenschleimhautentzündung, Neigung zu Magengeschwüren
- Schwere Schilddrüsenüberfunktion.

Justus von Liebig:
„In keiner Gegend Deutschlands haben die Apotheken einen so niederen Preis wie in den reichen Städten des Rheines, denn der Wein gilt dort als die Universalarznei für Gesunde und Kranke, als die Milch für die Greise."

zwei Viertele hinausgehen und sich im übrigen während der Schwangerschaft und Stillzeit noch größere Zurückhaltung im Weingenuß auferlegen.

Allerdings braucht der gesunde Mensch beim Weintrinken auch nicht überängstlich zu sein. Ein gelegentliches Überschreiten der aufgezeigten Mäßigkeitsgrenzen ruiniert nicht gleich die Leber. Bei einem Familienfest, an Feiertagen oder bei sonstigen besonderen Anlässen kann man sich schon einmal mehr genehmigen. Aber man sollte dies auf keinen Fall tagtäglich und auch nicht jeden zweiten oder dritten Tag tun. Und man sollte niemals so viel Wein trinken, daß man nicht mehr weiß, was man tut.

Für den täglichen Weingenuß gibt es schließlich eine absolute Höchstgrenze, die aber nur von theoretischer Bedeutung ist und an die man auf keinen Fall tagtäglich herangehen, geschweige denn, sie überschreiten sollte. Die Leber eines gesunden Menschen mit 80 kg Normalgewicht kann in 24 Stunden etwa 190 g Alkohol abbauen. Weitere 20 g können über Lungen, Schweiß, Urin ausgeschieden werden. 210 g Alkohol pro Tag ist also das Maximum, was der Körper im Normalfall überhaupt verarbeiten kann. Wie sinnvoll der Rat ist, von dieser Grenze respektvoll großen Abstand zu halten, wird verständlich, wenn man bedenkt, daß jemand rund 2,5 Liter eines Weines von 10 Vol. % Alkohol trinken müßte, um diese 210 g Alkohol zu sich zu nehmen. Wer Wein in dieser Menge täglich konsumieren würde, liefe Gefahr, zum Alkoholiker zu werden. Er würde zusätzlich zur täglichen Nahrung mehr als die Hälfte seines normalen Kalorienbedarfs in Form von Alkohol und Weinextrakt zu sich nehmen. Sofern er nicht schwere körperliche Arbeit leistet, würde er der Fettleibigkeit mit ihren schlimmen Folgen für Herz, Kreislauf und berufliche Leistungsfähigkeit entgegensteuern. Falls er aber die zusätzlichen Kalorien an seiner normalen Nahrung absparen will, würde er sich nach Alkoholiker-Manier einseitig und ungesund ernähren. Seine Leber wäre mit großer Wahrscheinlichkeit innerhalb einiger Jahre ruiniert.

Nun wird in unseren heimischen Weinbaugebieten immer wieder von urigen Typen berichtet, die angeblich solche und sogar größere Weinmengen ohne Schaden für die Leber ein Leben lang konsumierten. Angesichts dieser Berichte sollte man bedenken, daß es sich dabei um Menschen handelte, die in sozial gefestigten Verhältnissen lebten, von der Hetze und den Umweltreizen unserer modernen Zeit nicht gestreßt waren, schwer arbeiteten, den Wein über den ganzen Tagesablauf dosiert zu sich nahmen, derbe Kost aßen und andererseits leichte, bekömmliche Weine tranken. Wir wagen im übrigen zu vermuten, daß es in unseren klassischen Weingegenden bei der einheimischen Bevölkerung eine in vielen Generationen – sozusagen evolutionsgenetisch geformte – erbliche Disposition für höhere Alkoholverträglichkeit gibt. Diese Vermutung stützt sich auf die Tatsache, daß Angehörige von Volksstämmen, die in ihrer ganzen Entwicklung keinen Alkohol kannten – so beispielsweise die Ureinwohner Australiens – nach dem Genuß kleiner Alkoholmengen jeden Halt verlieren.

Wie dem auch sei; dem Normalverbraucher kann man nur raten, dem Weinkonsum der oben erwähnten Ur-Naturen nicht nachzueifern.

Kleinere Weinrationen für Frauen - warum?

An dieser Stelle müssen wir den Lesern und insbesondere den Leserinnen nun auch erklären und begründen, warum sich Frauen größere Zurückhaltung beim Weingenuß auferlegen sollen als Männer. Fast spüren wir, wie uns manche Leserin erregt die Frage stellt: Wo bleibt die Gleichberechtigung der Frau?

Nun, die juristische Gleichstellung von Mann und Frau kann die biologischen Unterschiede der Geschlechter nicht leugnen und auch nicht beseitigen. Mann und Frau sind nun einmal biologisch verschieden und sollten darüber doch recht glücklich sein.

Über die Ursachen der verschiedenen Alkoholverträglichkeit von Mann und Frau scheinen die Akten noch nicht geschlossen zu sein. Man diskutiert, daß gewisse Enzyme bei der Frau eine geringere Aktivität als beim Mann entwickeln und so in der Leber der Frau Alkohol in geringerem Umfang und auch langsamer abgebaut wird. Hormone spielen hierbei sicherlich eine noch nicht ganz geklärte Rolle. Man denkt besonders an eine nachteilige Wirkung der weiblichen Geschlechtshormone (Oestrogene). Wie wir schon erwähnt haben, kann die Mannesleber im Durchschnitt 100 mg Alkohol pro kg Körpergewicht und Stunde abbauen, während die Leber der Frau nur 85 mg/kg/Std. schafft. Eine Frau bringt im allgemeinen aber auch ein geringeres Körpergewicht auf die Waage. Somit ergibt sich auch rein rechnerisch als Produkt von Körpergewicht mal Abbaurate pro kg Körpergewicht eine geringere Alkohol-Abbauleistung des weiblichen Organismus.

Prof. Thaler, Wien, weist eindringlich darauf hin, daß bei überhöhtem Alkoholkonsum die Wahrscheinlichkeit einer Zirrhoseerkrankung der Leber bei Männern mit steigenden Alkoholmengen stark zunimmt, daß diese Zunahme aber bei unmäßig trinkenden Frauen „fast explosionsartig" erfolgt (45). Die größere Alkoholgefährdung des weiblichen Organismus wird auch durch eine Schrift von Prof. Kuntz, Wetzlar, belegt (25), welche unter anderem auf folgende Fakten verweist: Frauen besitzen nur etwa ein Drittel der Alkoholverträglichkeit der Männer. Alkoholmißbrauch führt bei Frauen häufiger zur Schädigung der Bauchspeicheldrüse. Die Leberschädigung beginnt seltener mit der noch komplikationsfreien Fettleber und häufiger mit der schwerwiegenderen Leberentzündung. Es kommt häufiger zur Leberzirrhose.

Trotzdem glauben wir, daß auch Frauen im Normalfall täglich bis zu zwei Viertel eines normalen Tischweins genießen dürfen, ohne sich damit einer erhöhten Gefahr der Lebererkrankung auszusetzen. Wir sehen den folgenden Grund, den Weinkonsum bei Frauen etwas großzügiger zu beurteilen als es die strengsten Vertreter der Schulmedizin tun: Bei allen statistischen Untersuchungen über Alkoholkonsum und Zirrhosegefährdung wurden die konsumierten Mengen ermittelt, indem man die Testpersonen im nachhinein über die Trinkgewohnheiten der zurückliegenden Jahre befragte. Anders ist es ja auch kaum möglich. Die Befragten neigen aber erfahrungsgemäß dazu, die tatsächlichen Trinkmengen immer herunterzumogeln, und gerade alkoholabhängige Frauen zeigen eine ungewöhnliche Scheu, ihre wahren Trinkgewohnheiten zu offenbaren. Setzt man dies in Rechnung, dann muß man davon ausgehen, daß durch Alkoholmißbrauch verursachte Lebererkrankungen bei Frauen angeblich geringen Konsummengen zugeordnet wurden und daß die statistische Aussage hierdurch verfälscht ist.

Wir möchten unsere Leserinnen aber bitten, selbstkritisch zu prüfen, ob ihnen eine Tagesmenge von zwei Viertel Wein auf Dauer bekommt. Manche Frauen wissen, daß sie so viel nicht vertragen und richten sich danach.

Ansonsten gibt es auch bei den Frauen große individuelle Unterschiede der Alkoholverträglichkeit, die teils, wie auch bei den Männern, auf Gewöhnung beruhen. Besonders feminine Frauen mit hohem Oestrogenspiegel und ausgesprochen fraulichen Formen vertragen meist weniger als hagere, robuste Frauen, welche auch schon äußerlich den Männern ähneln. Umgekehrt ist auch bekannt, daß Männer mit weibischen Zügen weniger Alkohol vertragen als Männer mit typischem, männlichem Körperbau. Der österreichische Militärarzt Dr. Franz Chvostek hat diese Zusammenhänge schon im vergangenen Jahrhundert beschrieben. Interessant ist, daß diese medizinischen Erkenntnisse auch die im alten germanischen Volksgut verankerte Erfahrung bestätigen, daß Trinkfestigkeit ein Stück Mannhaftigkeit bedeutet. Auf dieser Vorstellung gründete sich ja auch das „Saufheldentum" der mittelalterlichen Ritter ebenso wie das der Studentenkorps der Jahrhundertwende.

Wir wollen dieses Unterkapitel schließen mit dem tröstenden Hinweis an die Frauen, daß ihre allgemein geringere Trinkfestigkeit ein Stück echter Fraulichkeit ist und mit der Bitte an die Männer, ihre Mannhaftigkeit gegenüber den Frauen anders als durch Trinkrekorde unter Beweis zu stellen.

Dürfen Kinder und Jugendliche Wein trinken?

Babys können schon im Mutterleib geschädigt werden, wenn die Mutter es nicht fertig bringt, sich während der Schwangerschaft angemessene Zurückhaltung beim Genuß alkoholischer Getränke aufzuerlegen. Gerade neuere Forschungsarbeiten (41) bestätigen, daß Kinder von Müttern, die während der Schwangerschaft unmäßig Alkohol konsumierten, in der geistigen und körperlichen Entwicklung zurückbleiben und schlimmstenfalls unter Nervenschwäche oder gar Epilepsie leiden können. Geschädigte Babys sind schon bald nach der Geburt an bestimmten Gesichtszügen und Handlinienmustern zu erkennen. Es ist erschreckend zu erfahren, daß in der Bundesrepublik Deutschland doppelt soviel alkoholgeschädigte wie mongoloide Kinder geboren werden.

Auch für Kleinkinder ist Alkohol schlicht und einfach Gift. Es war eine geradezu barbarische Unsitte, daß Mütter in früheren Zeiten ihren Säuglingen und Kleinkindern kleine Mengen Alkohol als Schlafmittel gaben, indem sie beispielsweise den Schnuller in Schnaps tauchten, um dann ungestört ihrer Arbeit nachgehen zu können. Wieviel körperliche Gebrechen und geistige Debilität mag durch diesen üblen Mißbrauch des Alkohols verursacht worden sein?

Die Gehirnzellen eines Kindes reagieren auf Alkohol viel empfindlicher als die eines Erwachsenen. Schon kleine Mengen führen zum Drehschwindel infolge der Störung des Gleichgewichts. Bei dauerhaftem Alkoholkonsum wird bei Kindern das Enzymsystem und der Energiestoffwechsel gestört und die körperliche und geistige Entwicklung behindert. Auch die Leber eines Kindes ist noch nicht auf den

Abbau von Alkohol eingerichtet. Wir raten davon ab, Kinder regelmäßig am Glas der Eltern mittrinken zu lassen oder ihnen gar am Familientisch das Austrinken der Reste in den Gläsern zu gestatten.

Einige Ärzte und Heilpraktiker glauben, kleine Mengen Wein etwa bei einer Störung der kindlichen Verdauung verabreichen zu dürfen. Gegen eine solche Weinanwendung ist nichts einzuwenden, wenn sie in homöopathischen Dosen, d.h. teelöffelweise oder eßlöffelweise je nach Alter des Kindes erfolgt und nicht zur Dauereinrichtung wird.

Wir sind andererseits aber der Meinung, daß man Jugendliche ab dem Pubertätsalter langsam mit dem mäßigen und kultivierten Weingenuß im Kreis der Familie vertraut machen sollte. Nur so ist es zu verhindern, daß die Jugend ersten Kontakt mit alkoholischen Getränken ohne Aufsicht der Erwachsenen in dubioser Atmosphäre bekommt. Die Aufklärung über den Alkohol gehört, so wie auch die Aufklärung über andere elementare Fragen des menschlichen Lebens, in die Familie. Wichtig ist, daß die Erwachsenen den jungen Menschen Vorbild sind, auch im Weingenuß.

Wir möchten hier jedoch nicht mißverstanden werden. Wir treten nicht dafür ein, daß man Jugendlichen, deren körperliche Entwicklung noch nicht abgeschlossen ist, gestattet, täglich ein oder mehrere Viertel Wein zu trinken. Wir halten es aber für vertretbar und richtig, daß man ihnen am Familientisch ein kleines Glas mit einschenkt und sie anleitet, den Wein mit Bewußtsein zu trinken und auf seine Geschmacksnuancen zu achten. Wenn ein Jugendlicher, ganz gleich ob Bub oder Mädchen, von seinen Eltern lernt, mit einiger Treffsicherheit einen Wein zu beurteilen und vielleicht die Rebsorte zu erraten, dann ist er mit solchem Weinverstand gewiß nicht zum Alkoholiker erzogen.

Welchen Wein sollte man im Interesse der Gesundheit bevorzugen?

Grundsätzlich sollte jeder den Wein trinken, der ihm am besten schmeckt und bekommt. Professor Kliewe, dessen Arbeiten zum Thema „Wein und Gesundheit" wir schon erwähnt haben, empfiehlt bejahrten Menschen, den Rotweinen gegenüber Weißweinen den Vorzug zu geben, weil sie einen höheren Gehalt an Mineralstoffen, Vitaminen sowie Gerb- und Farbstoffen haben. Diese Gerbstoffe und Farbstoffe besitzen eine positive Wirkung auf die Durchlässigkeit der Blutgefäße. Sie ziehen außerdem die Schleimhäute des Verdauungstraktes zusammen und verzögern damit die Aufnahme des Alkohols. Rotweine haben ferner den Vorteil, daß sie wegen der höheren Trinktemperatur und wegen des geringeren Säuregehaltes von alten Menschen mit empfindlichem Magen besser vertragen werden als gekühlte und säurebetonte Weißweine. Typische Rotweine wirken außerdem wegen des Fehlens erregender Bukettstoffe mehr schlafeinstimmend als Weißweine. Auch die allgemeine Volksmeinung stuft Rotweine als besonders gesundheitsförderlich ein, insbesondere was alte Menschen betrifft. Wilhelm Busch sagt es mit dem kleinen Reim: „Rotwein ist für alte Knaben eine von den besten Gaben."

Trotzdem, so ganz eindeutig liegen die Dinge nicht. Man sollte nicht übersehen, daß vor allem farbstoffreiche, südländische Rotweine, die fast immer eine

Gärung auf der Maische durchlaufen haben, zwei- bis dreimal soviel unbekömmlichen Methylalkohol (Holzgeist) enthalten können wie Weißweine. Außerdem enthalten Rotweine im allgemeinen auch mehr Alkohol. Von den leichten Weißweinen und rötlichen Zechweinen unserer kühleren Weinbaugebiete in Deutschland, in der Schweiz und in Österreich kann man schon mal ein Viertel mehr trinken. Es ist nicht von ungefähr, daß man in den deutschsprachigen Weinbauländern Wein in geselliger Runde auch außerhalb der Mahlzeiten genießt.

Leichte, einfache Weine sind generell besser verträglich als hochwertige Prädikatsweine, etwa von der Auslese an aufwärts. Diese „großen" Ausleseweine enthalten mehr Höhere Alkohole, welche zwar die Stoff-Fülle ausmachen, aber für unseren Organismus weit schwerer zu verkraften sind als der Äthylalkohol oder Weingeist. Wir wollen diese großen Auslesen und Beerenauslesen keineswegs verteufeln, sondern lediglich dazu raten, sie zu besonderen Anlässen zu kredenzen und sie nicht als Alltagsweine zu mißbrauchen. Wer täglich an die Grenze des gesundheitlich vertretbaren Weingenusses herangeht, sollte einfache, leichte Weine bevorzugen. Der deutsche Kabinett-Weißwein beispielsweise ist der Wein, der bei geringstmöglichem Alkoholgehalt einen gehobenen Geschmackswert und eine optimale Bekömmlichkeit besitzt. Nach allgemeiner Erfahrung werden abgelagerte Weine in der Regel besser vertragen als sehr junge Weine in den ersten Monaten nach der Gärung.

Der Weinfreund sollte im übrigen den Wein auch nach der Säureverträglichkeit seines Magens wählen. Wer einen hyperaciden (übersäuerten) Magen hat, wird beispielsweise keinen sehr säurereichen Riesling vertragen und eher einen säuremilderen Wein, z. B. einen Gutedel, vielleicht auch einen leichten Rotwein bevorzugen. Hingegen wird bei zu geringer Magensäure, unter der alte Menschen teilweise leiden, einem säurereicheren Wein der Vorzug zu geben sein. Säurereichere Weine, insbesondere klassische deutsche Rieslingweine, werden besser vertragen und entwickeln erst ihre ganze Feinheit, wenn sie mehrere Jahre auf der Flasche gelagert waren.

Der noch gärende, halbsüße Wein wird in der Winzersprache als *Federweißer, Rauscher oder Süßer* bezeichnet. In manchen Weingegenden ist er eine begehrte Spezialität der Herbstwochen. In Baden wird der „Neue Süße" oft schon in den Herbstwochen zum Zwiebelkuchen gereicht. Er verblüfft durch seinen halbsüßen, spritzig frischen Geschmack, welcher oft dazu verleitet, mehr zu trinken, als man vertragen kann. Sein im echten Sinn des Wortes unausgegorener Charakter, sein hoher Gehalt an Gärungskohlensäure und seine Gärungsnebenprodukte (Ester und Aldehyde) können heimtückische Wirkungen entfalten. Blähungen und Durchfall sind nach dem Genuß erhöhter Mengen immer wieder zu beobachten. Bei besonders empfindlichen Menschen kann es zu Herzbeschwerden, Schlaflosigkeit und allergischen Hautreaktionen kommen. Das Positivste am Federweißen ist sein besonders hoher Gehalt an Vitaminen und Bioelementen der Hefe. Trotz allem, der vollwertig und vielseitig ernährte Mensch ist nicht darauf angewiesen, diese Stoffe gerade in Form des Federweißen zu sich zu nehmen.

Ein weiteres gibt uns Anlaß, zur Vorsicht zu mahnen: Der Federweiße als kommerzielle Ware am Schanktisch ist oft ein ziemlich undurchsichtiges Produkt.

Er kommt in allen möglichen unverplombten und unetikettierten Behältnissen in Verkehr. Gelegentlich wird er aus früh geernteten italienischen Tafeltrauben oder gar aus rückverdünntem Traubensaftkonzentrat hergestellt, wobei man den Kunden dann gerne im Glauben läßt, es handele sich um ein Produkt aus heimischen Weinbergen. Und schließlich ist er ja auch nicht stabil. Heute halbsüß bezogen, kann er wenige Tage später schon voll durchgegoren sein. Man sollte beim Kauf wenigstens auf eine klare Herkunfts- und Abfüllerangabe achten.

Wir haben nichts gegen eine Probe des werdenden Weines beim Kellerrundgang und auch nichts gegen den Ausschank direkt vom Faß im Winzerdorf oder in der Winzergaststube. Jedenfalls sollte der Neue Süße nicht als anonymer Handelsartikel angeboten werden.

Unter allen Weinen in Europa, hat der RheinWein wegen ſeiner fürtrefflichen Würckungen/den Vorzug/ und ob ſchon nicht zu läugnen/ daß man in Ungarn/ Franckreich und Italien ꝛc. auch geſunde und wohlſchmekkende Weine bauet / ſo iſt doch unter dieſen allen / derer ich zu gleich in folgenden/ kürtzlich gedencken werde/ keiner / welcher es an Dauerhafftigkeit/ Reinligkeit/ Geruch und penetranten Wirckung unſerm RheinWein zuvor thun: dahero ich / ehe ich von deſſen Wirckung etwas mehrers ſage / ſeine Eigenſchafft und woraus er beſtehet/ auf das deutlichſte beſchreiben will.

Aus: „Woltersdorf · Fürtrefflichkeit des Rhein-Weins", 1709.

8. Warnungen des Arztes: Maßloser Alkoholkonsum, eine Gefahr für die menschliche Gesundheit!

Die gesundheitlich positiven Wirkungen des Weines sind an mäßige Konsummengen gebunden. Dauerhaft unmäßiger Weinkonsum kann diese positiven Wirkungen in das Gegenteil verkehren. Wir halten es für unsere Pflicht, nicht nur das hohe Lob des Weines zu singen, sondern auch vor den Gefahren eines fortgesetzt exzessiven Konsums von Wein oder von anderen alkoholhaltigen Getränken zu warnen.

Immer wenn von den Gesundheitsschäden durch Alkoholmißbrauch die Rede ist, denkt man zuerst an die Schädigung der Leber. Selten vernimmt man eine Warnung im Hinblick auf andere Organe oder auf Nerven und Psyche. Und doch ist es eine Tatsache, daß fortgesetzter Alkoholmißbrauch auch noch viele andere Gesundheitsprobleme heraufbeschwören kann, so beispielsweise Herzmuskelschäden, Erkrankungen des Nervensystems, nachlassende Zeugungskraft des Mannes und vorgeburtliche Schädigung des Kindes im Mutterleib. Auch im Magen-Darm-Trakt kann jahrelange unmäßige Alkoholzufuhr zu Entzündungen und anderen schweren Schäden führen. Sensibler und schmerzempfindlicher als die Leber reagiert beispielsweise die Bauchspeicheldrüse auf die Alkoholtorturen. Man nimmt an, daß bei der chronischen und schmerzhaften Entzündung der Bauchspeicheldrüse Alkoholmißbrauch in zwei Dritteln der Fälle im Spiel ist. Der chronische Alkoholiker leidet auch oft an einer hämorrhagischen Gastritis, d. h. an einer Magenschleimhaut-Entzündung, die mit inneren Blutungen einhergeht. Die Funktion des Dünndarms ist oft gestört und die Nährstoffaufnahme behindert. Die Krebsgefahr ist bei chronischem Alkoholmißbrauch ebenfalls stark erhöht, insbesondere wenn dieser mit starkem Rauchen kombiniert ist. Nicht zuletzt führt der fortgesetzte Alkoholmißbrauch zu den nervlichen und seelischen Schäden, die das Krankheitsbild des Alkoholismus ausmachen. Das düstere Bild all dieser Erkrankungen müssen wir in abschreckender Klarheit in diesem Kapitel vorführen.

Gefahr für die Leber

Die Leber ist im Grunde genommen ein kreuzgeduldiges Organ. Sie ist in der Lage, einiges an Mißhandlungen zu verkraften, bevor sie zu streiken beginnt. Sie besitzt keine schmerzleitenden Nerven und kann deshalb auch keine Warnsignale geben und sich gegen Überforderung nicht wehren. Eine Leber, die nur gelegentlich Saufexzesse durchstehen muß (Wochenendtrinker, Quartalssäufer) hat in der alkoholfreien Verschnaufpause die Gelegenheit, entstandene Schäden zu regenerieren. Die große Gefahr liegt in der dauerhaften Überlastung. Denn wenn die Leber jahrelang mit Alkohol überfordert ist, wird das Lebergewebe schleichend und zunächst unbemerkt verändert. Daß dies ohne Schmerzen und Warnsignale abläuft, kaschiert die eigentliche Gefahr.

Die erste Stufe der Leberschädigung ist die Fettleber. Sie bewirkt in der Mehrzahl der Fälle keine Beeinträchtigung des Allgemeinbefindens des Patienten. Es ist erstaunlich, daß die Leberfunktion durch die Verfettung so gut wie nicht beeinträchtigt wird. Lediglich bei starker Verfettung kann die Leber ein Druck- und Völlegefühl im rechten Oberbauch auslösen. Im Extremfall der Verfettung ist die Leber auf das Doppelte ihres Normalgewichtes vergrößert. Durch viele Jahre hindurch, oft sogar lebenslang, besteht die alkoholische Leberschädigung in nichts anderem als dieser Leberzellverfettung. Diese kann sich bei völliger Alkoholabstinenz innerhalb weniger Wochen zurückbilden. Das Tragische ist, daß sie wegen ihrer Komplikationsfreiheit oft gar nicht erkannt wird.

Die nächste Stufe der Leberschädigung ist die alkoholische Leberentzündung. Sie ist nicht die automatische, wohl aber die häufige Folge der Fettleber. Professor Thaler, Wien, einer der bekanntesten Leberspezialisten, unterscheidet zwischen der chronischen und der akuten Leberentzündung (45). Die etwas harmlosere chronische Leberentzündung verläuft ebenfalls schleichend, ohne daß das Befinden des Patienten wesentlich beeinträchtigt wird. Die große Gefahr für den Betroffenen liegt darin, daß er sich weiterhin bei bester Gesundheit glaubt, während indes die Zerstörung der „Leber-Architektur" schon begonnen hat. Doch auch diese Stufe der Leberschädigung ist reversibel, wenn es nur gelingt, den in diesem Fall oft schon hochgradig alkoholabhängigen Patienten zu entwöhnen. Der Leberschaden kann dann innerhalb von 6 bis 12 Wochen ausheilen.

Die nächste Stufe der Leberschädigung ist die akute Leberentzündung. Hier beginnen erstmals größere Komplikationen, die meist eine klinische Behandlung erfordern. Die akute Leberentzündung ist, wie Prof. Thaler es ausdrückt, „nicht selten der Paukenschlag, der bei bereits bestehender chronischer alkoholischer Hepatitis einem Trunkenheitsexzeß folgt". Die Schädigung des Lebergewebes ist in diesem Stadium so schwer, daß die Schäden nicht mehr ausheilbar sind und unmittelbar zur Leberzirrhose überleiten.

Doch auch bei einer beginnenden Leberzirrhose ist es zur Umkehr noch nicht zu spät. Derjenige, dem es gelingt, spätestens in diesem Stadium der Leberschädigung rigoros und endgültig auf Alkohol zu verzichten, hat durchaus eine Chance, mit angeschlagener Leber noch einige oder gar viele Jahre zu leben.

Trotzdem gibt es keine strenge Automatik in der Aufeinanderfolge der beschriebenen Leberschäden. Viele Fragen der Leberpathologie sind noch ungeklärt. Man kennt nicht die Gründe, warum einige Alkoholiker nach jahrelangem Säuferdasein weder eine Fettleber noch eine Zirrhose bekommen und viermal so viele Alkoholiker an Herzerkrankungen als an Leberzirrhose sterben. Andererseits weiß man auch nicht, warum sich bei dem einen die Leberschädigung lebenslang auf dem Stadium der Verfettung stabilisiert und beim anderen rasch zur Zirrhose führt. Es gibt offenbar Menschen, die das Glück haben, mit einer sehr alkoholresistenten Leber geboren zu werden. Professor Remmer, der Direktor des Instituts für Toxikologie in Tübingen schreibt hierzu (37): „Auch wenn die Erhebungen von Pequignot in Frankreich und von Lelbach in Deutschland auf eine gewisse Abhängigkeit der Inzidenz der Leberzirrhose von der über Jahre hinaus konsumierten täglichen Alkoholmenge hinweisen, bleibt doch völlig unklar, warum die Leberzirrhose erst nach vielen Jahren des Abusus – und dann nur bei 10 bis 20 Prozent der Trinker auftritt."

Ebenso ist es rätselhaft, warum Chinesen und Moslems besonders stark zur Leberzirrhose neigen, obwohl bei ihnen der Alkoholgenuß ungebräuchlich ist (35).

Nicht jede „Alkoholiker-Karriere" endet somit mit der Leberzirrhose. Dies darf aber nicht dazu verleiten, alkoholbedingte Leberschäden zu bagatellisieren. Die statistische Wahrscheinlichkeit der Zirrhoseerkrankung nimmt mit zunehmendem Alkoholkonsum stark zu. Jeder, der glaubt, die Grenzen der Mäßigkeit beim Alkoholkonsum und auch beim Weingenuß dauerhaft überschreiten zu können, sollte sich die Wesenszüge und den fatalen Verlauf einer Leberzirrhose vor Augen führen. Zugrundegegangene Leberzellen werden durch Bindegewebe ersetzt. Die Leber vernarbt, verhärtet und verkleinert sich. Blut wird vor der Leber gestaut. Die Leber verliert ihre Stoffwechselfunktion. Der Körper wird allmählich vergiftet. Bauchwassersucht bläht den Leib auf. Viele Zirrhotiker verbluten durch das Platzen innerer Krampfadern in der Speiseröhre. 5 bis 8 Prozent der Zirrhosen entwickeln sich zum Leberkrebs.

Nervenschäden und psychische Veränderungen

Nicht jeder, der zu viel trinkt, wird leberkrank. Es gibt medizinische Statistiken, die darauf hindeuten, daß die Zahl der durch Alkoholmißbrauch verursachten nervlichen und psychischen Erkrankungen bei weitem die der Leberschäden übertrifft. Nur sind diese Krankheiten leider so schwer faßbar. Die Selbstmordrate liegt bei Alkoholikern weit über dem Durchschnitt. Die durch fortgesetzten Alkoholmißbrauch verursachten seelisch-nervlichen Krankheiten stellen die psychomedizinische Seite der Alkoholsucht dar. Der Alkoholismus ist in unserer Gesellschaft aber nicht nur ein medizinisches, sondern auch ein schweres soziologisches Problem. Er führt zu erheblichen wirtschaftlichen Schäden, verursacht enorme Kosten des Sozialetats und ist verantwortlich für viele Zerrüttungen in Ehe und Familie. Diesen soziologischen Problemen der Alkoholsucht werden wir im letzten Kapitel des Buches einen eigenen Abschnitt widmen. Hier wollen wir uns auf die mehr medizinischen Fragen beschränken.

Medizinisch wird unter Alkoholismus die körperliche und seelische Abhängigkeit vom Alkohol verstanden. Bei der körperlichen Abhängigkeit kommt es zum Auftreten von Toleranzsteigerungen und von Entzugserscheinungen nach Absetzen des Alkohols, während die psychische Abhängigkeit durch das unwiderstehliche Verlangen nach Alkohol und die Unfähigkeit zu kontrolliertem Trinken gekennzeichnet ist. Es mag den Weinfreund beruhigen, daß die Gefahr, auf die Alkoholikerbahn zu geraten, beim Weintrinker erfahrungsgemäß geringer ist als bei den Konsumenten anderer alkoholischer Getränke. Über die Gründe hierfür kann man nur Mutmaßungen anstellen. Aber es gibt durchaus auch Alkoholiker, und zwar nicht wenige, die ihre Sucht mit Wein befriedigen. Der Wein, der in vernünftigen Mengen genossen so viele positive Wirkungen hat, kann durchaus auch zur Gefahr werden, wenn derjenige, der unter normalen Lebensumständen seine „Viertele" maßvoll genossen hat, in der Lebenskrise die Lösung seelischer Probleme im Weinkeller sucht. Das Weintrinken, das bis dahin gute Gewohnheit war, kann plötzlich zur Notwendigkeit werden. Der Schritt in die Abhängigkeit ist dann getan.

Es ist eine bedauerliche Tatsache, daß Alkoholiker in bestimmten Familien gehäuft auftreten. Inzwischen gibt es eine ganze Reihe von medizin-wissenschaftlichen Untersuchungen, die zu dem eindeutigen Ergebnis führen, daß die Bereitschaft zum Alkoholismus in hohem Maße erblich ist (83). Einige Soziologen und Erziehungswissenschaftler, die den Menschen nur als formbares Produkt seiner Umwelt und seiner Erziehung sehen, beharren hingegen auf der Meinung, daß eine erbliche Veranlagung zum Alkoholismus nicht erwiesen sei. Sie sehen die Häufung von Alkoholikern in bestimmten Familien einfach als ein Problem des sozialen Milieus. Sicherlich spielt das Milieu eine nicht zu unterschätzende Rolle. Es ist jedoch wissenschaftlich bewiesen, daß die ererbte Bereitschaft einen stärkeren Einfluß hat (83). Nicht umsonst hat man früher in der dörflichen Lebensgemeinschaft, wo man Sippen und Verwandschaftsverhältnisse über Generationen verfolgen konnte, vor der Einheirat in eine „Säuferfamilie" gewarnt.

Die schlimmen nervlichen und seelischen Folgen des Alkoholmißbrauchs stellen sich aus medizinischer Sicht folgendermaßen dar: Streng genommen ist schon der einfache, unkomplizierte Rausch eine exogene, also von außen kommende, reversible Psychose. Die psychischen Veränderungen des einfachen und akuten Alkoholrausches sind in der Übersicht auf Seite 35 beschrieben. Beim dauerhaften Rauschzustand werden Schäden am Zentralnervensystem, also im Gehirn, Rückenmark und an den peripheren Nerven ausgelöst. Leider nehmen derartige Schäden heutzutage stetig zu. Die häufigste Alkoholikerpsychose ist das Delirium tremens. Es äußert sich in einer Bewußtseinstrübung, die meist verbunden ist mit einer Störung der zeitlichen und örtlichen Orientierung, mit Halluzinationen, mit grobschlägigem Zittern, Gesichtsrötung und ungewöhnlichem Schwitzen. Andere Formen der Alkoholhalluzinose gehen einher mit akustischen Sinnestäuschungen und Verfolgungswahn. In der weiteren Folge des chronischen Alkoholismus kommt es zu unheilbarem Hirnschwund, der meist verbunden ist mit Persönlichkeitsveränderungen.

Als Korsakow-Syndrom wird in der Medizin die durch jahreslanges Säuferdasein erworbene Verblödung (Demenz) und alkoholische Polyneuritis, eine Entzündung mehr oder minder ausgedehnter Gebiete des Nervensystems und der Rükkenmarkswurzel bezeichnet (19, 34).

Der Vollständigkeit halber sei noch das Auftreten der Wernicke-Krankheit auf dem Boden chronischer Alkoholschädigung erwähnt. Sie besteht in einer Entzündung des Mittelhirns mit Blutungen ins Gewebe, wird allerdings vorwiegend bei Schnapstrinkern beobachtet. Anzuführen ist noch eine Form alkoholischer Fallsucht (sogenante Alkoholepilepsie), die durch einen Schwund der Hirnsubstanz ausgelöst ist.

Die Schädigung des peripheren Nervensystems, also jener Nervenstränge außerhalb von Gehirn und Rückenmark, setzt einen jahrelangen Alkoholmißbrauch voraus. Von der unter Umständen sehr schmerzhaften Entzündung eines Nervenstranges (= Neuritis) bis zur qualvollen Entzündung vieler Nerven (Polyneuropathie) gibt es fließende Übergänge.

Als Folge eines chronischen, übermäßigen Alkoholkonsums kann es auch zu einer schweren Schädigung der Sehnerven und damit der Sehkraft kommen. Man fand, daß im Auge auftretende Lichtreflexe bei starken Trinkern erheblich verzögert als Signal auf der Hirnoberfläche eintrafen. Die Schädigungen können bis zur Erblindung führen.

Störungen der Fortpflanzung

Geistig debile Menschen werden in den Weingegenden oft mit der Erklärung abgetan, sie seien halt „im Suff gezeugt". Jedoch für eine derartige Wirkung des Alkohols gibt es keinerlei Beweise. Fachleute (20) bezeichnen solche Ansichten als Volksaberglauben, der jeder wissenschaftlichen Grundlage entbehrt. Selbst eine akute Alkoholvergiftung hat nach Auffassung der Medizin keine Schädigung der Keimzellen und der Nachkommen zur Folge. Eltern, die sich ein Kind wünschen, brauchen also keineswegs auf ihre abendliche Flasche Wein zu verzichten.

Andererseits darf man aber nicht übersehen, daß fortgesetzter Alkoholmißbrauch die Zeugungskraft des Mannes negativ beeinträchtigen kann. Die Spermien können so geschädigt sein, daß diese nicht mehr zu einer Vereinigung mit der Eizelle, also zu einer Befruchtung fähig sind. Die Schädigungen sind jedoch individuell sehr verschieden. Auch in Experimenten mit Meerschweinchen zeigte sich, daß durch lang anhaltende Verabreichung großer Alkoholmengen sowohl bei männlichen wie auch bei weiblichen Tieren die Fruchtbarkeit vermindert wurde.

Alkoholgeschädigte Neugeborene

Stillende Mütter sollten wissen, daß Alkohol in die Muttermilch übergeht, allerdings in geringerer Konzentration, als sie im Blut vorliegt. Eine Schädigung des Kindes ist nicht zu befürchten, solange die Mutter sich die erforderliche Mäßigung auferlegt. Bei Alkoholikerinnen, die zum Stillen in der Lage sind, muß der Säugling jedoch den Alkohol in Mengen mittrinken, die für die Entwicklung des Kindes durchaus schädlich sind.

Auch durch unmäßigen Alkoholgenuß während der Schwangerschaft kann die Entwicklung des Kindes im Mutterleib negativ beeinträchtigt werden. Betroffen sind nicht die Babys von Frauen, die gelegentlich kleine Mengen Alkohol trinken, sondern die Kinder von Alkoholikerinnen. Die Babys werden etwas zu früh geboren. Geburtsgewicht und Größe liegen unterhalb des Normalen. Der Entwicklungsrückstand wird unter Umständen nach der Geburt noch größer. Die Babys bleiben dürr. Es fehlen die üblichen Fettpolster unter der Haut. Ein verminderter Kopfumfang läßt darauf schließen, daß das Hirnwachstum schon im Mutterleib geschädigt wurde. Ein mit den Symptomen vertrauter Arzt kann schon anhand bestimmter Gesichtszüge des Neugeborenen auf Alkoholschädigung Verdacht schöpfen (41). Bei den schwer geschädigten Babys werden häufig angeborene Herzmißbildungen festgestellt. Ebenso finden sich Mißbildungen am Skelett und an den Genitalien. Schon nach der Geburt fallen geschädigte Babys durch Übererregbarkeit und Zittern auf. Es stellt sich die Frage, ob hiermit schon beim Neugeborenen Alkoholentzugserscheinungen zum Ausdruck kommen. Die körperliche und geistige Entwicklung der Kinder ist gehemmt. Das soziale Milieu, in das sie meist geboren werden, verschärft die Probleme. Die Intelligenzentwicklung ist oft erheblich gestört. In schlimmsten Fällen manifestieren sich Nervenschwäche und Epilepsie.

Wir müssen hier nochmals betonen: Die beschriebenen Schäden werden nicht durch kleine Mengen Alkohol ausgelöst. Die Gefahr besteht für Kinder von süchtigen Trinkerinnen. Eine Schwellendosis, unterhalb deren es nicht zu einer Beeinträchtigung der Kindesentwicklung kommen kann, läßt sich jedoch nicht benennen. Man muß deshalb den Müttern raten, sich während der Schwangerschaft Zurückhaltung im Alkoholgenuß und natürlich auch beim Weingenuß aufzuerlegen. Da das im Mutterleib heranwachsende Baby gerade in den ersten Wochen der Schwangerschaft für Schädigungen besonders anfällig ist und das Ungeborene bei Bekanntwerden der Schwangerschaft ja schon einige Wochen alt ist, ist die empfohlene Zurückhaltung auch schon bei der Planung oder Erwartung einer Schwangerschaft am Platze.

Herzmuskelschäden und Herzrhythmusstörungen

Wie wir im 9. Kapitel des Buches nachweisen werden, kann regelmäßiges, mäßiges Weintrinken vor der Erkrankung der Herzkranzgefäße und somit vor einem Herzinfarkt schützen und wahrscheinlich auch vor einem Schlaganfall bewahren. Bei steigenden Alkoholmengen wird der positive Effekt jedoch durch die Schädigung der Herzmuskelzellen und anderer Herzstörungen überlagert oder zunichte gemacht. Es ist eine Tatsache, daß an alkoholbedingten Herzerkrankungen mehr Menschen als an alkoholbedingter Leberzirrhose vorzeitig sterben (37).

Zahlreiche Beobachtungen haben es wahrscheinlich gemacht, daß der Alkoholmißbrauch einen unmittelbaren, toxischen (= giftigen) Effekt auf den Herzmuskel hat und zu einer Herzmuskelerkrankung führen kann. Sie wird als alkoholische Cardiomyopathie bezeichnet. Hatte man bis vor kurzem noch die Fehlernährung und Thianeurinmangel (= Vitamin B_1-Mangel) als Ursache von Herzmuskelschäden bei chronischen Alkoholikern verantwortlich gemacht, so wird doch in den letzten 20 Jahren die direkte Einwirkung des übermäßigen Alkoholkonsums für die Entstehung der Herzmuskelschädigung im Sinne einer alkoholischen Cardiomyopathie zunehmend akzeptiert. Die Bedeutung des Alkohols bei einer Schädigung des Herzmuskels wurde dadurch unterstrichen, daß Zeichen kardialer (Kardia, griechisch = Herz) Schädigung nach Alkoholentzug verschwanden und unter erneuter Alkoholgabe wieder auftraten (36). Das übermäßige Alkoholtrinken kann außerdem auch Ursache für das Auftreten von sehr unangenehmen Unregelmäßigkeiten in der Herzschlagfolge (Arrhythmien) sein.

Hohe Krebsgefahr bei Zusammentreffen von Alkoholmißbrauch und starkem Rauchen

Medizinische Studien zeigen einen eindeutigen Zusammenhang zwischen chronischem Alkoholismus und dem Auftreten von Krebserkrankungen an Kehlkopf, Rachen und Speiseröhre. Ebenso ist der Alkoholiker in erhöhter Gefahr, an Mastdarmkrebs, Bauchspeicheldrüsenkrebs und Leberkrebs zu erkranken. Die

Krebsgefahr wird vor allem durch den exzessiven Konsum konzentrierten Alkohols erhöht. Nach einer einschlägigen Untersuchung setzen sich exzessive Trinker starker Alkoholika einem 10fach erhöhten Risiko aus, an Kehlkopfkrebs zu erkranken, während bei exzessiven Wein- und Biertrinkern das Risiko nur um den Faktor 2 vergrößert ist.

Alkoholiker, die gleichzeitig stark rauchen, haben, verglichen mit Nichtrauchern und Alkoholabstinenten, ein 6 bis 15mal höheres Risiko der Krebserkrankung des oberen Verdauungs- und Atemtraktes. Eine Untersuchung aus der Bretagne zeigt eine 44fach (!) erhöhte Anfälligkeit für Speiseröhrenkrebs, wenn ein täglicher Konsum von mehr als 80 g reinem Alkohol in Form von Apfelschnaps mit dem Rauchen von mehr als 20 Zigaretten täglich zusammentrifft (42).

9. Wissenschaftlich erwiesen: Wein – maßvoll genossen ein Lebenselixier!

In der Volksmeinung ist die Auffassung weit verbreitet, daß regelmäßiges und mäßiges Weintrinken ein hohes Alter garantiere. Schon in der Bibel findet diese Weisheit ihren Niederschlag in dem Satz, welcher im Buch Sirach (XXI/32) zu finden ist: „Wein, in Maßen genossen, bedeutet ein zweites Leben."

Eine Volksbefragung aus neuerer Zeit bestätigt, daß dem Weingenuß auch von den heutigen Menschen positive Gesundheitswirkungen zugesprochen werden. Das EMNID-Institut führte im Februar 1982 eine Repräsentativbefragung von 1000 Bundesbürgern durch, um die Auffassung und Meinung über den Wein zu erfahren (30). Auf die Bitte, auf einer Liste von alkoholhaltigen Getränken diejenigen anzukreuzen, die der Befragte unter Beachtung seiner Gesundheit besonders gerne trinke, kreuzten 49 Prozent den Wein an, aber nur 38 Prozent das Bier und nur 3 bis 12 Prozent diverse Spirituosen, die zur Wahl standen. Die Befragten sollten sodann verschiedene Getränke nach ihrem vermeintlichen Gesundheitswert mit den Schulnoten 1 bis 6 versehen (1 = beste, 6 = schlechteste Note). Hierbei erhielten Wein und Bier, beide aus den 1000 Antworten gemittelt, die Durchschnittsnote 2,9, Kaffee die Note 3,4, Spirituosen aber nur die Note 4,4 und auch Coca-Cola kam mit der Note 4,4 relativ schlecht davon.

Die Volksmeinung, die mit solchen Befragungen erforscht wird, kann natürlich nicht den Anspruch erheben, die absolute Wahrheit zu verkörpern. Um der Wahrheit auf die Spur zu kommen, sind exaktere wissenschaftliche Untersuchungen nötig; und gottlob fehlt es auch daran nicht. In den letzten Jahren hat die medizinische Forschung eine ganze Reihe von Ergebnissen präsentiert, die – weil fast alle in englischer Sprache und in rein wissenschaftlichen Zeitschriften publiziert – von den praktizierenden Ärzten nur teilweise zur Kenntnis genommen wurden und der großen Zahl der Weinliebhaber kaum zugänglich sind. Die meisten Publikationen kommen, wie so vieles, was die Wissenschaft heute erarbeitet, aus den Vereinigten Staaten. Diese Forschungsarbeiten untersuchen die gesundheitliche Wirkung des Alkoholkonsums ganz pauschal, ohne zwischen den verschiedenen alkoholhaltigen Getränken trennen zu können. Es gibt aber auch einige Veröffentlichungen, welche speziell den Wein betreffen und die gesundheitlich positive Wirkung des mäßigen Weingenusses herausstellen.

Alkohol und Wein in Maßen – geringere Infarktgefährdung

Im Jahre 1974 publizierten kalifornische Mediziner eine Studie (65), welche die Krankengeschichte von 464 Herzinfarktpatienten analysiert. Diese Patienten hatten sich alle zwischen 1964 und 1970 einer Vorsorgeuntersuchung unterzogen, bei der sie auch zahlreiche Fragen zu ihren Lebens-, Ernährungs- und Trinkgewohnheiten beantworten mußten. Sie waren dann später mit einem Herzinfarkt in eines der Kaiser-Foundation-Hospitals in Oakland und San Franzisko eingeliefert worden. Die Wissenschaftler wählten nun zu jedem Infarktpatienten mit Hilfe eines

Computers aus 120 000 gespeicherten Befunden von Vorsorgeuntersuchungen zwei nach Alter, Geschlecht, Hautfarbe und weiteren medizinischen Kriterien vergleichbare Kontrollpersonen aus (sogenannte statistische Zwillinge), die keinen Herzinfarkt erlitten hatten. Der Vergleich der Gruppen führte nun zu dem interessanten Ergebnis, daß unter den Infarktpatienten ein deutlich höherer Anteil von Alkoholabstinenten und andererseits ein geringerer Anteil von mäßigen Trinkern war als unter den Kontrollpersonen. Die Autoren interpretierten dieses Ergebnis jedoch mit aller gebotenen Vorsicht. Sie wiesen unter anderem darauf hin, daß Alkoholkonsum im Übermaß u. a. auch den Herzmuskel schädigen kann. Das Ergebnis der Studie deutete nach Ansicht der Wissenschaftler aber zumindest darauf hin, daß mäßiger Alkoholkonsum *möglicherweise* vor Erkrankungen der Herzkranzgefäße schützen kann, was aber nach ihrer Meinung mit dieser Studie noch keineswegs bewiesen sei.

Immerhin gab diese interessante Publikation den Anlaß, daß sich in den darauffolgenden Jahren auch andere Forscherteams dem Phänomen einer offensichtlich geringeren Infarktgefährdung mäßiger Trinker annahmen. 1977 erschien eine weitere Publikation, die die oben genannten Ergebnisse bestätigte und gleichzeitig neue Aspekte aufzeigte. Drei andere amerikanische Autoren (81) untersuchten bei 7705 japanischen Männern mit Wohnsitz in Hawaii das Risiko, an einer koronaren Herzkrankheit zu erkranken. Sie stellten fest, daß mäßiger Alkoholgenuß, d.h. bis 60 ml oder bis ca. 50 g reiner Alkohol pro Tag, den diese Japaner meist in Form von Bier konsumierten, das Risiko eines Infarktes mindert. In dieser Arbeit wird dann auch ein Zusammenhang angedeutet, der uns später noch beschäftigen wird, nämlich, daß Alkoholkonsum das Alpha-Cholesterin im Blut in der Tendenz erhöhen und das gefährliche Beta-Cholesterin senken könne und daß hierin möglicherweise eine Erklärung der Infarkt-Schutzwirkung des Alkohols zu sehen sei.

1979 folgten dann zwei weitere wissenschaftliche Beiträge und zwar zunächst die Arbeit eines Teams aus Milwaukee im Staate Wisconsin und dann eine Arbeit einer Forschergruppe aus Boston, Massachusetts. In der Studie aus Milwaukee (55) wurden 2500 Patienten, die an Angina pectoris oder ähnlichen Beschwerden litten, einer Koronar-Angiographie, also einer Messung der Verengung der Herzkranzgefäße unterzogen. Die Patienten wurden über ihre Trink- und Rauchgewohnheiten und zu anderen medizinischen Daten per Fragebogen interviewt. Es zeigte sich sowohl bei Männern wie auch bei Frauen mit guter statistischer Sicherheit, daß alkoholenthaltsame Patienten unter einer stärkeren Verengung der Herzkranzgefäße litten als Patienten, die mäßige Alkoholmengen tranken. Auch die Autoren dieser Studie sehen eine mögliche Erklärung für die positive Alkoholwirkung in der Erhöhung der „Blut-Lipoproteide hoher Dichte" (= Alpha-Cholesterin). Sie weisen dann auch darauf hin, daß es zur Schädigung des Herzmuskels (Münchener Bierherz) erst durch regelmäßigen Genuß sehr großer Alkoholmengen kommen kann.

In der Studie aus Boston (63) wurden die Ehefrauen von 568 Männern, die an einer Erkrankung der Herzkranzgefäße gestorben waren, und parallel dazu Ehefrauen einer entsprechenden Anzahl gezielt ausgewählter noch lebender Kontrollpersonen (statistischer Zwillinge) über Lebensgewohnheiten und Alkoholkonsum

Theodor Heuss:
„Wer Wein trinkt betet, wer Wein säuft sündigt."

Theodor Heuss
(1884–1963)

erster Präsident und einer der Väter der Bundesrepublik Deutschland, schrieb einst seine Doktorarbeit über den Weingärtnerstand der Stadt Heilbronn. Als Schwabe war er zeitlebens ein begeisterter Weinfreund.
Mit dem vorn zitierten Ausspruch ermahnte Theodor Heuss zum gesitteten und kultivierten Genuß des Weines.

Bildquelle: Bundesarchiv Bonn.

ihrer Männer befragt. Die Auswertung ergab auch hier, daß der tägliche Konsum von geringen bis mäßigen Alkoholmengen (bis 60 ml oder bis ca. 50 g reiner Alkohol) gepaart war mit einer geringeren Zahl von Todesfällen durch Krankheiten der Herzkranzgefäße. Bei starkem Alkoholkonsum zeigte sich dagegen kein statistischer Zusammenhang zur Zahl dieser Koronartodesfälle.

Nun folgten in den Jahren 1979, 1980 und 1981 drei weitere Veröffentlichungen, die auch speziell etwas zum Wein aussagen. Da ist zunächst die Arbeit eines Autorenteams unter Leitung von Frau Professor Rosenberg, Cambridge, Massachusetts (79), die die Anamnese (Krankenvorgeschichte) von weiblichen Infarktpatienten untersuchte. Ursprünglich hatte diese Forschungsarbeit ein ganz anderes Ziel. Sie sollte klären, ob zwischen der Einnahme von Empfängnisverhütungspillen und der Herzinfarktgefährdung ein Zusammenhang besteht. Dazu wurden in 155 Hospitälern in Boston und Umgebung sowie Philadelphia 513 infarkterkrankte Frauen, die alle zwischen 30 und 49 Jahre alt waren, per Fragebogen interviewt und dabei auch über ihre Trinkgewohnheiten befragt. Zu diesen 513 Frauen wurde dann nach der bereits erwähnten statistischen Methode ein Kollektiv von 918 weiblichen Vergleichspersonen ausgewählt, die keinen Infarkt erlitten hatten. Auch die Ergebnisse dieser Studie stimmen überein mit den Befunden, die bei Männern gewonnen wurden und die zusammengenommen aussagen, daß durch mäßiges Alkoholtrinken die Infarktwahrscheinlichkeit um 30 Prozent gesenkt wird. Das für uns sicher interessanteste Ergebnis dieser Untersuchung ist, daß die Verminderung des Infarktrisikos am deutlichsten war bei den Frauen, die nach eigenen Angaben W e i n tranken.

Einen weiteren, für unser Thema interessanten Beitrag lieferte eine statistische Auswertung von drei Autoren aus Pittsburgh, Pennsylvania (67). Diese Auswertung vergleicht zunächst den Pro-Kopf-Verbrauch an reinem Alkohol in 20 verschiedenen Ländern mit der Rate der Todesfälle durch Erkrankungen der Herzkranzgefäße bei 55 bis 64 Jahre alten Männern. Eindeutiges Ergebnis: Je höher im betreffenden Land der Pro-Kopf-Verbrauch an Alkohol einerseits und je höher der Pro-Kopf-Verbrauch speziell an Wein, desto geringer ist die Rate der Koronartodesfälle.

Die Autoren werten diese statistische Beziehung aber mit der gebotenen Vorsicht und weisen darauf hin, daß zwischen dem Alkoholkonsum und anderen Risikofaktoren Wechselbeziehungen gegeben sein könnten. Aber auch wenn der Einfluß von bekannten Risikofaktoren – z. B. Rauchen – durch statistische Rechenoperationen ausgeschaltet wurde, blieb der Pro-Kopf-Verbrauch an Alkohol die am deutlichsten mit der Herztodesrate umgekehrt proportional verbundene Größe. Je höher also der Pro-Kopf-Verbrauch an Alkohol, desto geringer die Herztodesrate. Die Autoren untermauerten diesen Befund dann durch eine weitere statistische Auswertung, die zeigt, daß der Anstieg des Pro-Kopf-Verbrauchs an Alkohol in den USA mit einem Zeitverzug von etwa fünf bis sechs Jahren eine Abnahme der Rate der Herztodesfälle im Gefolge hatte.

Der für unser Thema sicherlich interessanteste Beitrag ist schließlich eine statistische Analyse aus England (70). Die Autoren dieser Studie, welche 1979 in der medizinisch-wissenschaftlichen Zeitschrift „The Lancet" erschien, verglichen für 18 Industrieländer die Sterblichkeitsraten verschiedener Krankheiten und errechneten statistische Beziehungen zum Gesundheits-Versorgungssystem, dem Bruttosozialprodukt sowie den Rauch-, Trink- und Ernährungsgewohnheiten der Bewohner. Der Alkoholkonsum wurde in diesem Fall nicht nur pauschal, sondern auch getrennt nach Wein, Bier und Spirituosen erfaßt. Schon die einfache zeichnerische Darstellung der Beziehung zwischen der Sterblichkeit durch ischämische Herzkrankheiten und dem Weinkonsum stieß die Autoren auf das interessante Phänomen, daß - im Vergleich dieser 18 Länder - mit zunehmendem Weinkonsum die Sterblichkeitsrate durch ischämische Herzkrankheiten abnimmt. In der folgenden Grafik, die wir aus der englischen Publikation übernommen haben, ist dieser Zusammenhang augenfällig dargestellt.

Weinkonsum und Herzinfarkttote in verschiedenen Industriestaaten

(nach Leger, Cochrane, Moore [70])

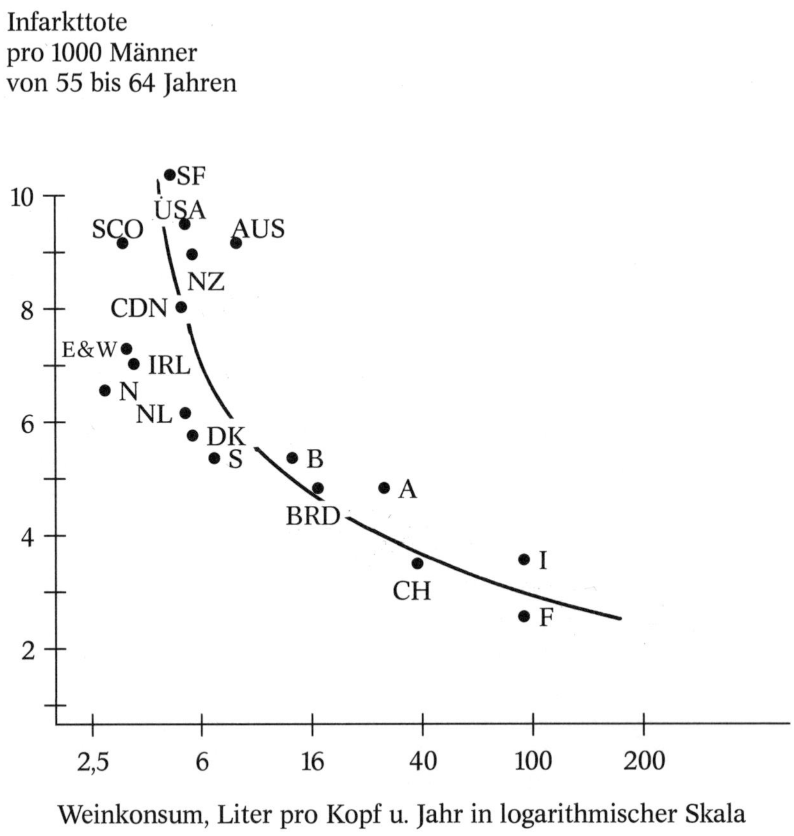

Nun ist bei der Interpretation solcher statistischer Zusammenhänge immer große Vorsicht geboten. Schließlich werden hier doch Bevölkerungen mit ganz verschiedenen Lebens- und Ernährungsgewohnheiten und mit ganz verschiedener Mentalität verglichen. Die Italiener und Franzosen nehmen beispielsweise als Romanen das Leben nicht so tierisch ernst, was in gewissem Maße wohl auch vor Herzinfarkt schützt. Die drei englischen Wissenschaftler haben deshalb weiterhin versucht, durch statistische Verfahren zumindest den Einfluß der Ernährungsgewohnheiten auszuschalten. Die Ergebnisse dieser weiteren Auswertung sind so interessant, daß wir die Autoren in sinngemäßer Übersetzung des englischen Textes selbst zu Wort kommen lassen wollen. Sie schreiben:

„Der Alkoholkonsum war stark negativ (d.h. umgekehrt proportional) mit der Sterblichkeit durch ischämische Herzkrankheiten verbunden, und zwar bei Männern ebenso wie bei Frauen. Von den drei Alkoholformen hatte Wein die engste Beziehung zur geringeren Sterblichkeit. Der Weineffekt war immer deutlich, ganz gleich, welche anderen Faktoren mit in den Rechenansatz aufgenommen wurden."

In der Diskussion ihrer Ergebnisse schreiben die Autoren dann weiter:

„Unsere Ergebnisse legen nahe, daß die augenscheinlich günstige Beziehung zwischen der Sterblichkeit an ischämischen Herzkrankheiten und dem Alkoholkonsum ganz oder teilweise durch den Weinkonsum erklärt werden kann."

Und in einer weiteren Passage:

„Wenn Wein eine Schutzfunktion gegen derartige Herzkrankheiten hat, dann ist diese wahrscheinlich eher bedingt durch andere Weinbestandteile als den Alkohol. Weine sind reich an aromatischen Verbindungen und anderen Bestandteilen, die nur in geringer Konzentration vorliegen, die dem Wein aber den besonderen Charakter geben. Möglicherweise müssen wir den schützenden Effekt bei diesen Stoffen suchen. All das ist aber natürlich noch Spekulation."

Die Autoren beschließen dann ihre Publikation mit dem Satz:

„Sollte im Wein jemals ein Bestandteil gefunden werden, der vor ischämischen Herzkrankheiten schützt, dann wäre es fast ein Sakrileg, wenn dieser Bestandteil isoliert würde. Denn die Arznei wird in Form von Wein schon in höchst bekömmlicher Form abgegeben, wie jeder Kenner bestätigen kann." (Ende der Zitate)

Diesen Ausführungen, die nicht von einer Lobby der Weinwirtschaft, sondern von neutralen englischen Wissenschaftlern formuliert wurden, brauchen wir nichts mehr hinzuzufügen.

Geringere Infarktgefahr durch veränderte Blutfette?

Die medizinische Wissenschaft kann bis heute die Frage nicht schlüssig beantworten, worauf die zweifelsfrei erwiesene Beziehung zwischen mäßigem Alkoholkonsum und geringerer Häufigkeit von Erkrankungen der Herzkranzgefäße beruht. Unter anderem steht die Vermutung im Raum, daß es sich dabei – zumindest teilweise – um eine psychologische Wirkung handelt. Wer sich gelegentlich ein Glas Wein oder auch ein anderes alkoholhaltiges Getränk genehmigt, hat sicher eine gelassenere und entspanntere Lebenseinstellung als ein verbiesterter Abstinenzler. Und der Alkohol wirkt ja auch zusätzlich entspannend. Daß auf diesem Weg ein gewisser Schutzeffekt gegen Herzinfarkt zustande kommen könnte, ist durchaus plausibel.

Die medizinische Wissenschaft begnügt sich aber nicht mit solchen unbewiesenen Spekulationen, sondern sucht konkret nach Ursache und Wirkung. Hier gibt es nun Hinweise, daß der Alkoholgenuß den Fettstoffwechsel beeinflußt und daß eine veränderte Zusammensetzung der Blutfette für die Verminderung der Infarktgefahr verantwortlich ist. Die Zusammenhänge sind jedoch noch keineswegs bis in die letzten Details geklärt. Derjenige Leser, der sich damit begnügt, einfach zu wissen, daß es eine positive Wirkung des Weingenusses auf die Blutfettwerte gibt, ohne deshalb gleich ein kleines Medizinstudium betreiben zu wollen, möge die nachfolgenden, etwas komplizierten Ausführungen überlesen.

Für den medizinisch interessierten Leser wollen wir versuchen, den derzeitigen Stand der Erkenntnisse folgendermaßen zu umreißen: Ein erhöhter Gehalt des Blutplasmas an Cholesterin (Blutfett) ist ein wesentlicher Risikofaktor für einen Herzinfarkt. Der Infarkt ereignet sich meist als Folge einer Blutgerinnung in einem bereits stark verengten Herzkranzgefäß. Die Verengung kommt zustande durch plättchenförmige Ablagerungen von Cholesterin und Cholesterinestern. Das Cholesterin wird im Blutplasma durch die Plasma-Lipoproteide transportiert. Man unterscheidet Lipoproteide von „sehr geringer", „geringer" und „hoher" physikalischer Dichte (15). Für die Verengung der Herzkranzgefäße ist vor allem ein erhöhter Gehalt von „Lipoproteiden geringer Dichte" verantwortlich. Nun ist bis heute nicht sicher bewiesen, daß Alkoholkonsum zu einer Senkung dieser gefährlichen Fraktion der „Lipoproteide geringer Dichte" führt. Zwar gibt es eine Veröffentlichung amerikanischer Autoren (56), die glauben, eine solche Senkung statistisch nachweisen zu können. Nach unserer Ansicht steht diese Statistik aber auf zu schwachen Füßen.

Bei einer Untersuchung an 6500 Fabrikarbeitern, die im Klinikum der Universität Göttingen durchgeführt wurde (51), fand man *keinen* Einfluß der Trinkgewohnheiten auf den Gehalt des Blutes an „Lipoproteiden *geringer* Dichte". Sicher bewiesen ist jedoch, daß Alkoholkonsum zum Anstieg der „Lipoproteide *hoher* Dichte" führt (51, 56). Auch zwei Ärzte der Polyklinik der Universität Rom zeigen anhand der Blutuntersuchung von 520 Männern, daß speziell auch der Weinkonsum eine solche Erhöhung der „Lipoproteide hoher Dichte" bewirkt. Das Ergebnis dieser Studie geben wir in der nachfolgenden Übersicht in vereinfachter Form wieder.

Einfluß von Alkoholkonsum überwiegend in Form von Wein auf den Gehalt des Blutplasmas an „Lipoproteiden hoher Dichte"
(nach Ricci und Angelico, Rom [78]).

Täglicher Alkoholkonsum nach Befragung der Probanden Gramm reiner Alkohol	entsprechend 1/4 l-Gläser Wein	Zahl der Probanden (Personen)	Lipoproteide hoher Dichte mg/dl im Mittel der Personen
0–25	bis 1	93	49,6
25–50	1 bis 2	153	52,1
50–75	2 bis 3	181	55,1
75 und mehr	3 und mehr	103	58,1

Die Lücke des medizinischen Wissens besteht nun darin, daß man nicht weiß, ob tatsächlich dieser erhöhte Gehalt an „Lipoproteiden hoher Dichte" für die positive Wirkung auf die Herzkranzgefäße verantwortlich ist. Eindeutig wären die Dinge, wenn durch Alkoholkonsum die gefährlichen „Lipoproteide geringer Dichte" vermindert würden, aber dies ist ja nicht bewiesen.

Eine weitere These besagt, daß die "Lipoproteide hoher Dichte" in den Gefäßen abgelagertes Cholesterin aufnehmen und schnell der Leber zuführen (17), so daß es weniger leicht zu einer Thrombozyten-Aggregation, also zu einer Bildung von gefährlichen Blutgerinnseln kommen kann. Eine solche Erklärung ergibt sich auch aus einer amerikanischen Veröffentlichung (62). Professor Prokop, Wien, schreibt hingegen, daß der Alkohol selbst der Ablagerung von „kleinmolekularem Cholesterin" entgegenwirke (76).

Jedenfalls muß irgendein noch nicht ganz erforschter Wirkungsmechanismus vorhanden sein. In einer anderen amerikanischen Veröffentlichung (67) wird das Ergebnis einer Doktorarbeit zitiert, bei der Äffchen mit hohen Cholesterinmengen gefüttert wurden. Diese Fütterung führte innerhalb von 18 Monaten zu einer 45prozentigen Verengung der Aorta, wenn Alkohol in der Diät fehlte. Wurde aber den Tieren bei gleicher Cholesterinzufuhr 36 Prozent der täglichen Kalorienmenge in Form von Alkohol verabreicht, so war nach 18 Monaten nur eine 8prozentige Verengung der Aorta festzustellen.

Höhere Lebenserwartung durch mäßiges Trinken

In den Jahren 1980 bis 1982 sind mehrere wissenschaftliche Arbeiten publiziert worden, die die alte Erfahrung bestätigen, daß mäßiger Alkoholkonsum allgemein und natürlich auch mäßiger Weingenuß die Lebenserwartung gegenüber einer alkoholfreien Lebensführung vergrößern kann.

Die vom methodischen Ansatz überzeugendste Studie kommt aus England (71). Dort waren in den Jahren 1967 und 1969 nicht weniger als 18403 männliche

Angestellte des Öffentlichen Dienstes im Alter von 40 bis 64 Jahren, welche in verschiedenen Bezirken in London und Umgebung arbeiteten, einer gründlichen ärztlichen Untersuchung unterzogen worden. Eine Auswahl von 10 Prozent dieser Angestellten wurde gebeten, über drei Tage exakt alles aufzuschreiben, was sie aßen und tranken, und diesen Ernährungsbericht dann einzusenden. Bei einer Antwortquote von 89 Prozent haben 1422 Angestellte komplette Aufzeichnungen vorgelegt. Diese Männer wurden nun nach ihrem durchschnittlichen täglichen Alkoholkonsum in 4 Gruppen eingeteilt. In den 10 darauffolgenden Jahren wurde die Sterblichkeitsrate der einzelnen Gruppen verfolgt. Folgende Ergebnisse wurden gefunden: Die Sterblichkeitsrate von Männern mit mäßigem Alkoholkonsum war niedriger als die von Alkoholabstinenten. Jedoch, ab einem noch relativ geringen Alkoholkonsum (über 34 g reiner Alkohol pro Tag) stieg die Sterblichkeitsrate wieder an. Sehr deutlich zeigte sich auch hier, daß Alkoholabstinente mit größerer Häufigkeit an Erkrankungen der Herzkranzgefäße starben. Männer, die mehr als 34 g Alkohol pro Tag konsumierten, starben mit erhöhter Häufigkeit durch andere als Herz-Kreislauf-Krankheiten.

Die Autoren wagen jedoch nicht, auf Grund ihrer Ergebnisse zu empfehlen, daß jeder Erwachsene täglich ein bis zwei „Alkoholdrinks" zu sich nehmen sollte, weil, so wörtlich, „ein höherer Alkoholkonsum in einer Bevölkerung immer auch mit einer größeren Zahl von Menschen verbunden ist, die unter Alkoholproblemen leiden".

Wir fragen uns, soll denn wirklich der vernünftige, zivilisierte Trinker auf die gesundheitlichen Vorteile des Genusses seiner zwei bis drei Gläser verzichten, weil es auf der anderen Seite Menschen gibt, die mit Alkohol nicht umgehen können? Das Alkoholikerproblem kann man so nicht lösen.

Fast zur gleichen Zeit wie die englische Studie erschien eine weitere wissenschaftliche Arbeit der drei kalifornischen Autoren, die schon 1974 auf den Zusammenhang zwischen mäßigem Alkoholkonsum und geringerer Sterblichkeit durch Erkrankungen der Herzkranzgefäße hingewiesen hatten. Bei dieser Untersuchung (66) wurden 2015 Personen ausgewählt, die bei einer früheren Vorsorgeuntersuchung angegeben hatten, täglich sechs und mehr „drinks" zu sich zu nehmen. Zu jeder dieser Personen wurden dann aus dem Datenkollektiv der Vorsorgeuntersuchung drei nach Alter, Geschlecht, Rasse und Zigarettenkonsum vergleichbare Kontrollpersonen ausgewählt; und zwar eine alkoholabstinente Person, eine Person, die bis zu 2 drinks nimmt und eine, die 3 bis 5 drinks täglich konsumiert. Für diese Gruppen wurde dann, wie in der Londoner Studie, die 10-Jahres-Sterblichkeit untersucht. Die geringste Sterblichkeit wurde auch hier nicht etwa bei den Alkoholabstinenten, sondern bei den mäßigen Trinkern (bis 2 drinks) gefunden. Die Nicht-Trinker hatten dieselbe Sterblichkeit wie die Gruppe derer, die 3 bis 5 drinks täglich konsumierten. Bei den schwersten Trinkern, die mehr als 6 drinks täglich zu sich nahmen, fand man eine höhere Häufigkeit von Todesfällen durch Krebs, Leberzirrhose, Lungenkrankheiten und Unfälle. Allerdings waren diese schwersten Trinker auch die stärksten Raucher. Dies läßt vermuten, daß das Ergebnis durch die Kombination von viel Alkohol und viel Zigarettenrauchen mitbedingt ist.

Eine weitere Studie dieser Art wurde an 1800 Berufstätigen in den USA durchgeführt (59). Die Ergebnisse waren auch hier ähnlich, aber weniger deutlich. Wir wollen diese Arbeit nur der Vollständigkeit halber erwähnen, aber auf eine weitere Darstellung verzichten.

Schließlich präsentierten dann 1982 drei Autoren aus Westaustralien eine zusätzliche Bestätigung der bis dahin vorliegenden Erkenntnisse (58). Dort hatten sich alle erwachsenen Einwohner einer kleinen Stadt an einer statistischen Untersuchung beteiligt. Der methodische Schwachpunkt dieser Studie scheint uns darin zu liegen, daß man es den Befragten selbst überließ, sich als „milde", „mäßige" oder „schwere" Alkoholtrinker zu klassifizieren. Trotzdem fand man auch hier ähnliche Ergebnisse. Personen, die nicht rauchen und keinen Alkohol trinken, hatten nach 13 Jahren eine höhere Gesamtsterblichkeit als Personen, die ebenfalls nicht rauchen, aber Alkohol konsumieren. Die ganz abstinenten Personen hatten auch hier wieder mehr Todesfälle an koronarer Herzkrankheit und sogar an Krebs.

Wir können zusammenfassend feststellen, daß nach den Ergebnissen der beschriebenen Studien, welche unabhängig voneinander in verschiedenen Ländern der Erde durchgeführt wurden, mäßiger Alkoholkonsum die Lebenswerwartung erhöht. Allerdings liegt die Grenze dessen, was nach diesen Ergebnissen als „mäßig" zu betrachten ist, bei nur 30 bis 40 g Alkohol pro Tag. Leider hat keine dieser zuletzt beschriebenen Studien zwischen Wein und anderen alkoholischen Getränken unterschieden. Dies wäre ja auch in den Whiskyländern England, USA und Australien kaum sinnvoll gewesen. Sofern die überwiegend mit „harddrinks" und Bier gewonnenen Ergebnisse überhaupt auf das Weintrinken übertragen werden können, dürfte derjenige, der den Wein nur trinkt, um gezielt und kühl berechnend seine Lebenserwartung zu vergrößern, nicht mehr als ein bis zwei Viertel täglich konsumieren. Wer allerdings ein Leben lang mehr Wein getrunken hat und bei guter Gesundheit schon ein gesegnetes Alter erreicht hat, der darf ruhig in diesem Stil seinen Wein weiter genießen.

„Vitamin P", ein weineigener Schutzfaktor für die Blutgefäße

Mehrfach wird in den medizinisch-statistischen Studien, die wir in den vorangehenden Abschnitten besprochen haben, die Vermutung geäußert, daß im Wein ein Stoff vorhanden sei, der eine positive Wirkung auf das Herz-Kreislauf-System hat. Die Autoren der Londoner Untersuchung über Alkoholkonsum und Lebenserwartung warnen sogar vor dem „Sakrileg", diesen Stoff, wenn er einmal entdeckt sein wird, zu isolieren, da die Arznei in Form von Wein ja schon in höchst bekömmlicher Form abgegeben werde.

Möglicherweise ist dieser Stoff oder diese Stoffgruppe schon längst bekannt. Professor Masquelier von der Fakultät für Medizin und Pharmacie der Universität Bordeaux belegt in seinem Beitrag zum großen französischen Standardwerk der Önologie (72) anhand wissenschaftlicher Arbeiten anderer Autoren und anhand von Tierversuchen, daß die im Wein enthaltenen polyphenolischen Substanzen, zu deutsch: die Gerbstoffe und Farbstoffe, eine deutliche Wirkung auf die Durchlässigkeit der kapillaren Blutgefäße haben. Zu der Frage jedoch, ob man diese Stoffgruppe des Weines als „Vitamin P” oder nur als vitaminähnlichen Wirkstoff einstufen darf, gehen die Meinungen auseinander. Prof. Masquelier spricht in seinem Beitrag nur von „Vitamin-P-artigen Faktoren”. Er vertritt die Auffassung, daß es sich bei der Wirkung dieser Stoffe um eine pharmakologische Wirkung handele.

Andere französische Wissenschaftler (74, 75) bestätigen eine funktionelle Verwandtschaft zwischen „Vitamin P” und Vitamin C. Folgt man diesen Autoren, so ist „Vitamin P” neben Vitamin C ein zweiter Anti-Scorbut-Faktor, der einerseits nur in Gegenwart von Vitamin C wirkt, andererseits aber die Wirksamkeit des Vitamin C erhöht und Vitamin C sparen hilft. Man hat deshalb auch schon vorgeschlagen, die „Vitamin-P-Gruppe” als Vitamin C_2 zu bezeichnen (77). Diese wissenschaftlichen Erkenntnisse könnten nun einerseits die positive Wirkung des Weines auf den Verlauf von Erkältungskrankheiten erklären und andererseits verständlich machen, warum die Seefahrer früherer Jahrhunderte den Wein als haltbares diätetisches Nahrungsmittel gegen die Folgen der einseitigen Ernährung und gegen den Scorbut einsetzten. Aus unserer heutigen Sicht ist letztlich entscheidend, daß diese unter „Vitamin P” summierten Inhaltsstoffe des Weines, also die Anthocyane, Leukoanthozyane, Flavonoide und Katechine, eine positive Wirkung auf die Blutgefäße haben. Diese Wirkung wird damit erklärt, daß die „Vitamin-P-Stoffe” die Oxidation des Adrenalins verhindern, des Hormons also, dessen eine Funktion die Regelung des Drucks der Kapillargefäße ist. (68).

In das Bild von der positiven Wirkung der „Vitamin-P-Faktoren” auf die Blutgefäße fügt sich auch gut der Befund, den Professor Kliewe, Mainz, mitteilt (21). Er beobachtete bei der Sektion mancher alter Weintrinker, daß die Innenwand der Blutgefäße genauso zart, elastisch und ohne Anzeichen einer Verkalkung war, wie man es sonst nur bei jungen Menschen feststellt.

Nun kommen diese Stoffe nicht nur im Wein vor, sondern auch in anderen pflanzlichen Nahrungsmitteln, besonders in Zitrusfrüchten, Paprika, Hagebutten und Johannisbeeren. Sehr oft werden sie aber bei der Zubereitung der Nahrung und bei der Konservierung zerstört. Der Wein dagegen enthält diese wertvollen Stoffe in unveränderter und leicht aufnehmbarer Form. Es sollte uns deshalb interessieren, in welchen Weinen diese „Vitamin-P-Stoffe” besonders reichlich vorkommen. Die Tatsache, daß der rote Farbstoff des Weines, das Anthocyan, zu dieser Stoffgruppe gehört, darf nicht zu dem Fehlschluß verleiten, daß etwa nur Rotweine diese wertvollen Stoffe enthalten. Im Gegenteil, Weißweine enthalten als einen weißen Abkömmling das Leukoanthocyan, dessen Wirkung auf die Blutgefäße erstens viel stärker ist und das zweitens bei der Alterung des Weines besser und länger als der rote Anthocyanfarbstoff stabil bleibt (72).

Durch den Edelfäulepilz der Trauben, durch Botrytis cinerea, wird das Leukoanthocyan leider zerstört. Hochreife Dessertweine aus edelfaulen Trauben (Beerenauslesen und Trockenbeerenauslesen) sind also auch aus dieser Sicht gesundheitlich nicht gerade die wertvollsten.

Ergebnisse von Tierversuchen: Wein ist mehr als eine Alkohollösung

Schon 1886 beobachtete der französische Wissenschaftler Dujardin-Beaumetz (zit. bei 72), daß bei Hausschweinen eine zunehmend schädigende Wirkung eintritt, wenn die Tiere a) natürlichen Wein, b) aus demselben Wein destillierten Weinbrand und c) eine Alkohollösung – alle drei Getränke mit jeweils gleicher Alkoholkonzentration – erhielten.

Ähnlich lautet der Versuchsbericht des französischen Physiologie-Professors R. Fabre, den der Arzt und Soziologe Dr. Jean Max Eylaud in seinem Buch: Vin et santé (Wein und Gesundheit [60]) wiedergibt:

„Wenn man Meerschweinchen mit der Schlundsonde eine Weinmenge einflößt, die so bemessen ist, daß sie einen totalen Rausch hervorruft, so legt sich das Tier betrunken in seinem Käfig zum Schlafen und schläft seinen Rausch in ein bis zwei Stunden aus. Dann schüttelt es sich, uriniert ausgiebig und kommt heraus, um ein Kohlblatt zu fressen. Danach stirbt es nicht etwa, sondern es verhält sich recht normal. Wenn man nun dieselbe Menge des gleichen Weines destilliert, um den Alkohol zu entziehen, und wenn man nun diesen Alkoholextrakt einem Meerschweinchen vom gleichen Gewicht und Alter eingibt, nicht etwa als 50grädigen Alkohol, sondern durch Wasserzugabe auf einen Volumengehalt wie im Wein gebracht, dann beobachtet man oft, daß das Tier sehr schwere Störungen und Beschwerden zeigt, die manchmal sogar zum Tode führen."

Diese Erfahrungen von Prof. Fabre regten offensichtlich zu weiteren Versuchen an. Eine Doktorarbeit, die an der Universität von Bordeaux gefertigt wurde (80), führte bei Versuchen mit Meerschweinchen zu ähnlichen Ergebnissen. Weindestillat, auf den Alkoholgehalt des Weines rückverdünnt, erzeugte bei den Versuchstieren schwere toxische Syndrome, die sich schnell einstellten, rasch aufeinanderfolgten, intensiv und heftig verliefen. Nicht so, wenn die entsprechende Menge Alkohol in Form von Wein verabreicht wurde. Die geschilderten Beschwerden traten nicht auf, und der durch die Alkoholwirkung hervorgerufene Koma-hafte Zustand war weniger lang und nicht so tief.

Ähnliche Ergebnisse wurden in Frankreich auch in weiteren Tierexperimenten gewonnen. In einem dieser Versuche (57) wurden fünf Gruppen von weißen Ratten mit folgenden Flüssigkeiten getränkt: Wasser, Rotwein, nach zwei verschiedenen Brennverfahren gewonnenes Weindestillat aus eben diesem Rotwein, und rektifizierter, neutraler Alkohol. Alle alkoholhaltigen Tränken waren mit Wasser auf 10 Grad Alkohol verdünnt, und allen Versuchsgruppen wurde die gleiche absolute Alkoholmenge verabreicht. Bei Verabreichung von Rotwein zeigten sich bei den Tieren keinerlei Beschwerden, wogegen die rückverdünnten Destillate bei den Versuchstieren zu inneren Störungen und zu Wachstumshemmungen führten.

In einem weiteren Versuch (54) wurden Ratten bei gleichem Grundfutter in fünf Versuchsgruppen aufgeteilt. Diese erhielten: Wasser, Traubensaft, Wein, 5prozentige und 10prozentige Alkohollösung. Die Tiere mußten in kaltem Wasser schwimmen, wobei ihnen ein Ballast von einem Zehntel ihres Körpergewichts aufgebürdet war. Außerdem mußten sie sich in einem labyrinthartigen Käfig zurechtfinden. Bei beiden Leistungstests zeigten die mit Wein gefütterten Ratten eine größere Aktivität und Geschicklichkeit als die mit Alkohollösungen gefütterten Ratten.

Wir können aus diesen Ergebnissen folgern, daß Wein für den Organismus offenbar besser verträglich ist als der in ihm enthaltene Alkohol in isolierter Form. Der Wein scheint Stoffe zu enthalten, die der relativen Schädlichkeit (Toxizität) des eigenen Alkohols entgegenwirken. Oder anders ausgedrückt: Wird der Alkohol aus dem Wein herausdestilliert, so erweist er sich für den Organismus als schlechter bekömmlich, als wenn der gleiche Alkohol in den Wein eingebettet bleibt.

Statistiken aus Frankreich: Weniger Leberzirrhosen in den Weinbaugebieten

Mit einem jährlichen, statistischen Pro-Kopf-Verbrauch von 16 Litern reinem Alkohol halten die Franzosen einen bedenklichen Rekord unter allen Völkern der Erde. Am 8. August 1979 beauftragte deshalb der frühere französische Staatspräsident Giscard d'Estaing eine Expertenkommission unter Leitung von Professor Bernard, einen Bericht über den Alkoholismus in Frankreich und Vorschläge zu seiner Eindämmung zu erarbeiten. Dieser „Rapport Bernard" (61) liegt seit Herbst 1980 vor. Er enthält unter anderem eine Statistik, die zeigt, wieviele von 100 000 Einwohnern im Jahre 1978 in den einzelnen französischen Departements an Leberzirrhose starben. 90 Prozent dieser Zirrhose-Todesfälle sind, wie der Bericht betont, dem unmäßigen Alkoholkonsum zuzuschreiben. Beim Studium der Zirrhose-Statistik stießen wir nun auf ein Phänomen, welches die aus den Tierversuchen gewonnene Erkenntnis, nämlich, daß der Alkohol in Wein eingebettet besser verträglich ist als Alkohol in isolierter Form, in höchst interessanter Weise zu bestätigen scheint. Man vergleiche hierzu die Grafik auf der folgenden Seite.

Die Sterblichkeit durch Leberzirrhose ist in den großen französischen Weingegenden deutlich geringer als in den Departements, in denen der Weinbau praktisch keine Bedeutung hat. Im Jahre 1978 starben in den 12 großen Weinbau-Departements mit Rebflächen zwischen 30 000 und 170 000 Hektar im Durchschnitt **22,7** von 100 000 Einwohnern an Leberzirrhose, während die entsprechende Zahl in den Departements, in denen praktisch kein Weinbau betrieben wird, durchschnittlich **35,4** von 100 000 betrug.

Und die nachfolgende Feststellung gibt zumindest einen interessanten Fingerzeig, der die Indizienkette zugunsten des Weines und gegen den konzentrierten Alkohol f a s t schließen könnte: Das einzige der zwölf großen Weinbau-Departements, in dem mehr als 30 Zirrhosetote pro 100 000 Einwohner zu beklagen waren, ist die Charante, das berühmte Produktionsgebiet des Cognac.

Nun ist es aber auch diese Statistik mit kritischer Vorsicht zu betrachten. Der Vergleich von Rebenanbauflächen und Leberzirrhose ist ja nicht beweisschlüssig. Mit Recht könnte uns jemand die These entgegenhalten, daß im Süden zwar viel Wein produziert, aber kaum getrunken werde, während die „Nordlichter" Frankreichs zwar keine Reben anbauen, aber möglicherweise um so mehr Alkohol trinken. Nach aller Kenntnis und Erfahrung scheint dies aber nicht der Fall zu sein. Wir entnehmen einer anderen französischen Statistik (64) die folgenden Angaben:

Im Norden und Nordwesten Frankreichs trinken 25 bis 28 Prozent der Bevölkerung fast jeden Tag Wein. Aber lediglich 21 bis 25 Prozent der konsumierten Weinmenge wird mit Wasser verdünnt. Im Süden trinken hingegen 51 Prozent der Bevöl-

---

Todesfälle durch Leberzirrhose in Frankreich 1978

nach: L'Alcoolisme, Rapport au Président de la République (61)
Rebflächen nach: Cadastre viticole

Von 100 000 Einwohnern starben 1978 an Zirrhose (in den Departements eingetragene Zahlen) im Durchschnitt aller französischen Departements **30,2.**

☐ im Durchschnitt der 21 Departements, die praktisch keinen Weinbau treiben (alle weniger als 100 ha) **35,4.**

■ im Durchschnitt der 12 Departements mit Rebflächen zwischen 30 000 ha und 170 000 ha **22,7.**

kerung fast jeden Tag Wein. Hier werden 40 Prozent der konsumierten Weinmenge mit Wasser verdünnt, obwohl die im Süden konsumierten Weine im Schnitt um etwa 1 Grad alkoholärmer sind als im Norden.

Nichts spricht dafür, daß der Gesamtalkoholkonsum im Süden geringer wäre. Die Südfranzosen trinken aber – und dies scheint der springende Punkt zu sein – vorwiegend Wein, wohldosiert zu den Mahlzeiten, harmonisch über den Tagesablauf verteilt und oft mit Wasser verdünnt. In den Departements an der Nordküste, wo die meisten Zirrhosetoten zu beklagen sind, wird weniger Wein, dafür aber mehr Apfelschnaps (Calvados) und anderer konzentrierter, mit allerlei Ingredienzen versetzter Alkohol wie Pernod und Anisette konsumiert. Ob das interessante Ergebnis dieser Statistik zusätzlich damit zu erklären ist, daß die romanische Bevölkerung Südfrankreichs eine erblich fixierte, höhere Alkoholverträglichkeit besitzt als die Normannen und Bretonen, sei dahingestellt.

Wir gehen jedenfalls nicht fehl, wenn wir aus den Tierversuchen und den Aussagen dieser Statistik den Schluß ziehen, daß der Wein für den Menschen das beste und bekömmlichste aller alkoholhaltigen Getränke ist.

Wein statt Whiskey und Wodka

Vor dem Hintergrund dieser Folgerung müssen wir es als eine segensreiche Entwicklung sehen, daß der Weinbau sowohl in den USA als auch in der ehemaligen UdSSR in den vergangenen Jahrzehnten eine stürmische Entwicklung nahm. Die Vereinigten Staaten haben, was die Weinkultur betrifft, einen historischen Irrweg beschritten. Puritanischer Fanatismus und eine antialkoholische Massenhysterie führten Anfang dieses Jahrhunderts zur „Prohibition", dem totalen Verbot alkoholischer Getränke. Wein und Alkoholika wurden dabei über einen Kamm geschoren. Dieses Verbot, das von 1920 bis 1933 in allen US-Staaten galt, ruinierte fast vollständig die kalifornische Weinwirtschaft und zwang zur Umstellung auf die Rosinen- und Saftproduktion. Die Amerikaner glaubten sich aber mit dieser „Prohibition" allen zivilisierten Völkern der Erde überlegen und dem Sieg über den Alkoholismus nahe. Sie verkannten, daß der Alkoholismus nicht eine Folge der Produktion alkoholhaltiger Getränke, sondern die Folge der Zerrüttungen in einer entwurzelten Gesellschaft war. Das Alkoholverbot führte deshalb nicht zur Gesundung dieser Gesellschaft, sondern zu illegalen und dunklen Machenschaften. Der Alkohol wurde nicht ausgerottet, sondern kriminalisiert. Der illegale Alkoholhandel war die Grundlage für das organisierte Verbrechen in den USA. Mit der Al-Capone-Bande ist er ein Stück amerikanischer Kriminalgeschichte geworden.

Lange hat die amerikanische Weinwirtschaft gebraucht, um sich nach Ende des Zweiten Weltkrieges vom Tiefschlag der Prohibition zu erholen. Inzwischen ist in den USA eine wahre Wein-Euphorie ausgebrochen. In 28 US-Staaten wird heute Weinbau getrieben. Weinbau-Pioniere, teils deutsche Fachleute, haben auch in den Nordoststaaten europäische Qualitätssorten etabliert. Sogar auf Kanada hat das Weinfieber übergegriffen. Der Aufwärtstrend des Weinbaus wird durch die Forschungs- und Züchtungsarbeit der Universitäten tatkräftig unterstützt. In Nordamerika breitet sich mehr und mehr das Selbstbewußtsein aus, daß amerikanische Weine den Vergleich mit den klassischen Weinen Europas nicht zu scheuen brauchen.

In der ehemaligen Sowjetunion war und ist der Wodka-Alkoholismus auch in unseren Tagen ein schwer lastendes Problem. Doch die Verantwortlichen begegneten ihm mit einer klügeren Philosophie als es die Amerikaner zu Beginn des Jahrhunderts taten. Sie waren sicher auf dem richtigen Weg, wenn sie aus der Überzeugung handelten, daß der Alkoholismus nicht mit Produktionsbeschränkungen und Verboten zu bekämpfen ist, sondern eher dadurch, daß man den Genossen statt Wodka etwas Besseres bietet: *guten Wein.* Immer wieder nahmen wir mit Staunen zur Kenntnis, welche enormen Anstrengungen die UdSSR mit Hilfe ehrgeiziger Programme der Rebenzüchtung und intensiver Forschungsarbeit unternahm, um neue Produktionskapazitäten im Weinbau zu schaffen. Die Sowjetunion stand der Rebfläche nach hinter Spanien und Italien und vor Frankreich an dritter Stelle unter den Weinbauländern der Erde. Die Flächenerträge der Kolchos-Weingüter waren allerdings recht dürftig.

Der Wein als Therapeutikum

Von der Krankenversicherung wird der Wein zwar nicht bezahlt. Dennoch müssen wir uns fragen, wie und wo der Wein auch in der modernen Medizin sinnvoll und ärztlich verantwortbar eingesetzt werden kann. Sicher wäre es ein lächerlicher Anachronismus, wenn man versuchen wollte, die wertvollen, hochwirksamen und in vielen Fällen lebensrettenden Medikamente, wie etwa die Antibiotika, durch Wein ersetzen zu wollen, oder gar, wie einst in biblischen Zeiten, den Wein zur Wunddesinfektion zu verwenden. Gottlob gibt es dafür heute spezifischere und gezielter anzuwendende Produkte aus der Retorte der Pharmaindustrie.

Der Arzt sollte jedoch den Wein da einsetzen und empfehlen, wo er als natürliches, wohlschmeckendes und vielseitiges Mittel genausoviel oder sogar mehr leisten kann als Pillen.

Hier ist zunächst an die Besserung der Stimmungslage des Patienten zu denken. In den letzten Jahren hat sich die Erkenntnis wieder mehr und mehr durchgesetzt, daß der Arzt bei Diagnose und Behandlung nicht nur in den Kategorien von Ursache und Wirkung denken darf, sondern das gesamte und komplexe seelische Befinden des Menschen im Auge zu halten hat. Eine dem Gesamtzustand des Patienten angemessene Weinmenge wirkt depressiven Stimmungen entgegen und hilft neue Genesungshoffnung zu schöpfen. Dies wiederum kommt der Genesung selbst zugute. Wein besitzt dazu noch einen kalorischen Nährwert und enthält Mineralstoffe und Vitamine, die besonders für alte und bettlägerige Menschen mit beschränkter Nahrungsaufnahme wertvoll sein können. Ältere medizinische Lehrbücher sprechen dem Wein in adäquaten Mengen auch einen „roborierenden", d. h. kräftigenden Effekt in der Rekonvaleszenz zu. Rotwein mit Zucker und Ei ist für diese Fälle ein altbekanntes Hausmittel. Daß Wein und insbesondere Weißwein die Nierenfunktion anregt ist ebenfalls seit langem bekannt.

Ein guter Arzt wird im übrigen wissen, welchem Patienten ein Glas Wein guttun kann, und er wird andererseits auch erkennen, ob bei einem anderen vielleicht die Gefahr besteht, daß seelische Krisen und Lebensnöte nach Alkoholikermanier im Wein ertränkt werden, daß ein solcher Patient also mit Wein auf eine gefährliche Spur gebracht werden könnte. Auf alle Fälle sollte der Arzt demjenigen, der in gesunden Tagen mäßig und vernünftig Wein getrunken hat, den Weingenuß in der Krankheit nicht verbieten, es sei denn, daß ernste medizinische Gründe, wie beispielsweise eine Lebererkrankung, dies erfordern. Es ist geradezu eine seelische Grausamkeit, wenn einem unheilbar Kranken, etwa einem vom Krebstod vorgezeichneten Menschen, das gewünschte Glas Wein auf ärztliche Anweisung vorenthalten wird.

Der Wein bietet seine Dienste auch an, wenn es darum geht, bei bettlägerigen Patienten eine träge Verdauung anzuregen. Er steigert den Appetit und fördert die Bildung der Verdauungsfermente. Ebenso kann der Wein bei der Behandlung leichterer Herz-Kreislauf-Schwächen recht nützlich sein. Der Weingenuß erweitert die Blutgefäße, vertieft und beschleunigt die Atmung, verbessert somit die Sauerstoffversorgung der Organe und stabilisiert den Blutdruck. Bei zu niederem Blutdruck hilft insbesondere ein Glas Sekt sehr rasch auf die Beine. Der bekannte Kliniker Professor Ernst v. Leyden (1832–1910) schrieb über die Wirkung des Weines: „Es gibt kein Mittel, welches so schnell und sicher bei Zuständen plötzlich eintretender Schwäche die erlahmende Herztätigkeit anregt und wieder in Gang bringt. Besonders bei gewissen Kreislaufstörungen wird die Verteilung des Blutes günstig reguliert, der Blutdruck vor allem in der Aorta erhöht; die Hautgefäße erweitern sich und auch die Spannung der übrigen Gefäße läßt nach."

Die positiven therapeutischen Wirkungen des Weines und Sektes sind in erster Linie Wirkungen des Alkohols. Aber als Wein und Sekt kommt der Alkohol wohl in seiner günstigsten Form zur Anwendung, besser jedenfalls als in Form von Bier und Spirituosen. Bier könnte als voluminöseres Getränk durch größere Flüssigkeitszufuhr den Kreislauf belasten. Spirituosen enthalten den Alkohol in zu konzentrierter Form. Wein und Sekt hingegen treffen das rechte Maß. Und schließlich enthalten sie ja nicht nur Alkohol, sondern noch andere wertvolle Wirkstoffe. Sie sind eine milde und wohlschmeckende Arznei. Selbstverständlich können Wein und Sekt bei bedrohlicheren Herzerkrankungen die wertvollen Medikamente der modernen Herztherapie nicht ersetzen. Daß aber der regelmäßige und mäßige Weingenuß verhindern kann, daß es überhaupt zu schweren Herzerkrankungen kommt, haben wir am Anfang dieses 9. Kapitels dargelegt.

Der Wein als die „Milch der Alten"

Schon der griechische Philosoph Plato, der von 427 bis 347 v. Chr. lebte und als der Vater der abendländischen Staatsphilosophie gilt, erkannte im Wein ein Göttergeschenk und ein Heilmittel für die Probleme der alten Tage. Da er selbst ein für damalige Zeiten seltenes Alter von 80 Jahren erreichte, urteilte er sicher aus berufenem Munde, wenn er schrieb, daß der Wein helfe, die Beschwerden des Alters zu meistern und seine Härte zu mildern.

Der spanische Arzt, Politiker und Religionslehrer Moses Maimonides schreibt in seinem Werk „Regimen Sanitatis" (Leitfaden der Gesundheit) um 1200: „Je älter ein Mensch an Jahren ist, desto nützlicher ist der Wein für ihn. Von allen Menschen am nötigsten haben ihn die Greise."

Die Probleme des Alters haben sich seit Platos und Maimonides Zeiten nur wenig geändert. Da sind zunächst die seelischen Belastungen, die unter anderem dadurch verursacht sind, daß alte Menschen mit ihren kleineren und größeren Gebrechen nicht mehr an allen Freuden und Aktivitäten des Lebens teilhaben können. Viele alte Menschen fühlen sich zudem isoliert und einsam. Die körperlichen Beschwerden kommen hinzu. Der Stoffwechsel wird mit zunehmendem Alter eingeschränkt. Die Wärmeabgabe des Körpers ist vermindert, die Abgabe von Stoffwechselschlacken verlangsamt und erschwert. Auch Appetit und Verdauung lassen nach. Alte Menschen essen weniger, was physiologisch richtig und natürlich ist. Zusätzlich wird die aufgenommene Nahrung im Magen und Darmtrakt wegen der reduzierten Fermentaktivität nur noch teilweise aufgeschlossen und verwertet.

Alte Menschen brauchen deshalb eine diätetisch besonders wertvolle, harmonisch zusammengesetzte Nahrung. Eine solche Ernährung ist aber nicht immer gegeben, besonders dann nicht, wenn sich Alte und Alleinstehende keine kompletten Mahlzeiten mehr bereiten und sich phantasielos und freudlos ernähren. Bei solch unzureichender Ernährung besteht die Gefahr, daß der Organismus mit Mineralstoffen und Vitaminen ungenügend versorgt ist und der Alterungsprozeß sogar beschleunigt wird.

Zur Linderung dieser körperlichen und seelischen Probleme kann der Wein seine Hilfe in mehrfacher Weise anbieten. Professor Prokop, der Leiter des Instituts für Sportmedizin in Wien, schreibt hierzu in einer französischsprachigen Zeitschrift (76): „Ausgedehnte Analysen der vergangenen Jahre haben in überraschender Weise die mehr als 1000 Jahre alte Erfahrung bestätigt, daß kleine Mengen Wein sehr positiv für den etwas älteren Menschen sind. Zusätzlich zur Unterstützung der Magenfunktion auf dem Wege der Mobilisierung der Verdauungsfermente ist es vor allem der positive Effekt des Weines auf Herz und Kreislauf sowie auf das vegetative Nervensystem und die Psyche, der hier zum Tragen kommt. Die Verbesserung der Durchblutung der Herzkranzgefäße wird zusätzlich unterstützt durch den Abbau psychischer Spannungen. Folglich übt der Wein auch einen positiven Einfluß aus bei Angina pectoris. Was den Blutkreislauf betrifft, ist es auch der nivellierende Effekt bei zu hohem Blutdruck, der durch die Erweiterung der peripheren Blutgefäße zustande kommt. Weitere umfangreiche Untersuchungen haben die vorbeugende Wirkung des Weines gegen Arteriosklerose unter Beweis gestellt. Der Alkohol wirkt der Ablagerung von kleinmolekularem Cholesterin entgegen, das sich an der Innenwand der Blutgefäße absetzt, aber durch den im Blut transportierten Alkohol löslich gehalten wird. Dies ist der Grund, warum man bei alten Menschen, die Wein trinken, eine deutlich geringere Veränderung der Blutgefäße findet als bei Alkoholabstinenten gleichen Alters." (Ende des Zitats)

Ein altes Sprichwort sagt mit Fug und Recht: „Der Wein ist die Milch der Alten." Mit seinem Mineralgehalt und seinen vielen hundert Wirkstoffen kann der Wein fehlende oder unzureichend vorhandene Stoffe in der Nahrung alter Menschen ersetzen oder ergänzen. Der Mainzer Professor Kliewe empfiehlt bejahrten Menschen, täglich ein bis drei Glas Wein zu genießen, wobei dem Rotwein wegen des höheren Gehaltes an Mineralstoffen und Vitaminen und wegen der besseren Magenverträglichkeit der Vorzug zu geben sei. Nach unseren Erfahrungen vertragen greise Patienten aber auch durchaus einen abgelagerten Weißwein.

Wein hilft die Appetitlosigkeit zu überwinden, fördert die Verdauung und schafft innere Wärme und Wohlbehagen. Er läßt das Dasein der alten Tage in einem schöneren Licht erscheinen und gibt die Lebensfreude zurück. In einer gemütlichen Stunde läßt er viele schöne Erlebnisse des zurückliegenden Lebens Revue passieren. Viele betagte Menschen nutzen den Wein auch zur Einstimmung eines gesunden Schlafes. Der Wein wirkt somit vielseitiger und sicher auch harmloser als viele Psychopharmaka. In der Geriatrie (Altersmedizin) wird der Wein auch von der hohen Schulmedizin ausdrücklich als Therapeutikum anerkannt.

Ein uns befreundeter Arzt, der die Betreuung eines Altersheimes neu übernommen hatte, erzählte uns, daß er dort sehr bald die üblichen Seelenpillen aus dem Verkehr ziehen ließ und statt dessen den meisten Patienten täglich eine kleine Menge Wein empfahl. Daraufhin habe sich die Stimmung zusehends gebessert. Die Zahl der bettlägerigen Patienten sei zurückgegangen und die Arbeit des Pflegepersonals sei wesentlich leichter geworden.

Der Wein kann, wie die vorangehenden Abschnitte dieses 9. Kapitels zeigen, nicht nur das Leben verlängern, sondern auch – wie diese Erfahrungen lehren – die Lebensqualität der alten Tage verbessern.

Der Wein als Bestandteil der Schroth-Kur

Die Schroth-Kur trägt ihren Namen nicht etwa deshalb, weil hier eine Kurdiät aus Getreideschrot verabreicht wird, sondern nach dem geistigen Vater dieser Kur, dem Laienbehandler und Naturheilkundler Johann Schroth. Er entwickelte dieses Therapieverfahren in den zwanziger Jahren des 19. Jahrhunderts in Niederlindewiese im Sudetenland. Im Gegensatz zu den Fastenkuren oder Nulldiäten ist die Schroth-Kur eine sehr abwechslungsreiche und, wie man hört, auch eine fröhliche Kur. Ihr Ziel ist eine Entschlackung, Entwässerung und „Abspeckung" des ganzen Körpers. Ihr Prinzip besteht in der Kombination von feuchtwarmen Packungen, einer Kurdiät, die fettfrei, salzfrei und eiweißarm ist, sowie dem Wechsel von Trink- und Trockentagen. Und im letzteren liegt der Clou der Sache. An den „großen Trinktagen" wird Männern ein Liter und Frauen ein halber Liter eines leichten, trockenen Weines gereicht. Große Trinktage sind alle Sonntage und Donnerstage. An den kleinen Trinktagen, den Dienstagen und Samstagen, sind die Weinrationen halbiert.

Strenge Gegenindikation für eine Schroth-Kur sind natürlich Leberkrankheiten und Alkoholsucht, außerdem verschiedene Infektionskrankheiten, Tuberkulose, Blutkrankheiten, Schilddrüsenüberfunktion, psychische Störungen und nicht zuletzt eine Schwangerschaft. Die Schroth-Kur erfordert deshalb eine gründliche ärztliche Voruntersuchung und ärztliche Aufsicht.

Durch die wärmestauenden, feuchtwarmen Wickel und Ganz-Körper-Pakkungen wird der Stoffwechsel angeregt. Der Energiebedarf wird aus Kohlehydraten und Wein gedeckt. Es wird viel Leinsamen-, Knäcke- und Vollkornbrot gereicht. Im übrigen ist die Diät fettfrei und salzlos. Der Körper wird gezwungen, seine Fettdepots abzubauen. Durch den Wechsel von Trink- und Trockentagen und die übrigen Anwendungen wird der Körper entschlackt, entgiftet und entwässert.

Dem Wein, den man in fröhlicher Runde trinkt, kommt insbesondere folgende Bedeutung zu. Er hebt das psychische Wohlbefinden der Kurpatienten und läßt die Reduktionskost leichter ertragen. Er regt außerdem Herz und Kreislauf an, vertieft die Atmung, hilft wegen seines harntreibenden Effekts Stoffwechselschlakken auszuschwemmen und trägt zur Vitaminversorgung bei. Außerdem setzt man auf die blutgefäßerweiternde, antisklerotische Wirkung, die offenbar über die Veränderung der Blutfette zustande kommt.

Die Schroth-Kur wurde in der Bundesrepublik Deutschland lange Zeit nur in Oberstaufen im Allgäu praktiziert. Neuerdings werben auch andere Kurorte dafür. Es scheint, daß diese Kur sich zunehmender Beliebtheit erfreut.

Was ist des Menschē Lebē ohne Wein? Welches in Warheit nicht so schlechter Dings/zu verstehen ist / als solten wir unsere Ergetzlichkeit nur allein in Weintrinken suchen/ sondern volkommen exprimiret/daß in dem Wein eine fürtreffliche Tugend sey / den Leib zu stärcken und das Gemüht zu erfreuen.

Lasset uns dahero den Wein als ein gewisses Præservativ und Remedium vieler Kranckheiten/etwas weitläufftiger und specialer ansehen ; vorhero aber sattsamlich erkennen / daß der Rhein-Wein solches Lob für andern verdiene;und zugleich lernen/wie man selbigen zu solchen Gebrauch finden müsse.

Aus: „Woltersdorf · Fürtrefflichkeit des Rhein-Weins", 1709.

10. Der Wein – Segen oder Fluch für die soziale Gesundheit unserer Gesellschaft?

In unseren Tagen wird viel über Suchtgefahren gesprochen und geschrieben. Dabei werden Drogen und alkoholische Getränke immer wieder in einem Atemzug genannt. Man könnte den Eindruck gewinnen, als ob auch der Wein, der jahrtausendelang die Geschichte unserer abendländischen Völker als Kulturgut begleitete, für unsere heutige Massengesellschaft nur noch eine Gefahr darstelle. Wir wollen die Probleme des Drogenmißbrauchs und des Alkoholismus nicht bagatellisieren, aber wir müssen ganz entschieden jener undifferenzierten Betrachtungsweise entgegentreten, welche Suchtdrogen und alkoholhaltige Getränke, und hier wieder alkoholische Getränke jeder Form, vom Wein bis hinab zum primitivsten Fusel, über einen Kamm schert.

Diese undifferenzierte Betrachtung ist zunächst medizinisch falsch. Unser Organismus hat die Fähigkeit, mit adäquaten Alkoholmengen durchaus fertig zu werden. Die Leber kann stündlich 0,1 bis 0,2 Promille Alkohol im Blut abbauen. Selbst ein total Betrunkener, in dessen Adern 2,4 Promille Alkohol fließen, hat diesen allerspätestens nach 24 Stunden völlig verarbeitet.

Um ein Vielfaches schwerer kommt der menschliche Organismus jedoch mit den gefährlichen Drogen zurecht. Selbst das angeblich noch relativ harmlose Cannabis-Gift wird lange im Fettgewebe gespeichert und kommt nach Wochen wieder zur Wirkung, wenn der Körper bei Streß, Anstrengung oder durch die bei Süchtigen übliche Mangelernährung auf Fettreserven zurückgreift. Im Normalfall braucht der menschliche Organismus 30 Tage, um eine szenenübliche Dosis der Cannabis-Droge völlig zu zersetzen. Und schließlich ist die Wirkung des Alkohols und der Drogen keineswegs dieselbe. Während vernünftiger Alkoholkonsum, speziell in Form von Wein, alle die in diesem Buch beschriebenen positiven Wirkungen auf Körper und Seele des Menschen hat und keineswegs direkt in die Alkoholsucht mündet, führt der Drogengebrauch sehr schnell in eine verhängnisvolle Abhängigkeit mit den bekannten, katastrophalen Folgen der Apathie, Passivität, Schizophrenie und des rapiden Absackens der körperlichen und geistigen Leistung, kurz, zu einer Zerstörung der Würde und Persönlichkeit des Menschen.

Man wird uns entgegenhalten, daß auch der Alkoholiker in ähnlicher Weise absackt und seine Persönlichkeit ruiniert. Dies stimmt! Aber der entscheidende Unterschied ist der: Bei weitem nicht jeder, der gerne sein Viertele oder Alkohol in anderer Form trinkt, hat sich damit für eine „Alkoholiker-Karriere" entschieden. Aber fast jeder, der mit Drogen beginnt, hat den ersten Schritt auf dem Wege in den Ruin getan, auf dem es aus eigener Kraft kaum mehr eine Umkehr gibt.

Weiterhin ist die undifferenzierte Betrachtungsweise des Suchtproblems kulturhistorisch falsch. Seit Jahrtausenden haben die Völker des Mittelmeerraumes den Wein ganz harmonisch in ihre alltägliche Ernährung integriert und ebensolange ist der Wein Bestandteil der abendländischen und christlichen Kultur. Aber angesichts der heutigen, einseitigen Diskussionen über Drogen und Alkoholismus müssen wir doch einmal die grotesk-provozierende und schockierende Frage stellen: Hat Jesus Christus bei der Einsetzung des Abendmahles etwa den Wein zu so großer Bedeutung erhoben, um die Christen aller Zeiten auf das Alkoholikergleis zu hieven?

Wir wehren uns entschieden dagegen, daß der Wein als Droge diffamiert wird. Im Hinblick auf die erschreckende Brisanz des Suchtproblems müssen wir uns dennoch bewußt sein, daß es unrealistisch und unehrenhaft wäre, wenn wir nur über die schönen Seiten des Weines sprechen würden, ohne auch auf die Gefahren des Alkoholismus einzugehen. Die gelegentlich zu hörende Auffassung, der Wein könne nicht zum Alkoholismus führen, ist sicherlich falsch. Hingegen entspricht es vielfältiger Erfahrung, daß diese Gefahr beim Wein geringer ist als bei anderen alkoholhaltigen Getränken.

Der Fluch des Alkoholismus

Trotz der Ernsthaftigkeit des Problems; lassen Sie mich, den Weinfachmann unter den beiden Autoren, dazu zunächst ein originelles Erlebnis ganz persönlich erzählen: Auf den viel bewanderten Höhen des Kaiserstuhls hatten wir vor einigen Jahren eine Versuchseinrichtung für unsere ökologischen Rebenversuche aufgebaut. An deren Zaun war ein Schild angebracht, das die Passanten über den Sinn dieser Einrichtung informierte. Die Aufschrift endete mit dem Satz: „Die Anlage dient dem Wohle des Weinbaus und wird dem besonderen Schutz der Bevölkerung empfohlen." Eines Tages fand ich unten am Rand des Schildes die Frage in den Lack gekratzt: „Und, was dient dem Wohl des Volkes?" Ich nahm kurz entschlossen einen Bleistift zur Hand und schrieb als Antwort zwei Wörter mit einem dicken Ausrufezeichen dahinter: „Der Wein!". Als ich einige Zeit später wieder dorthin kam, hatte ein anderer Passant diese Antwort mit der Bemerkung kommentiert: „Ha, ha, mehr als eine Million Alkoholiker in der Bundesrepublik Deutschland".

Dieses Erlebnis schärfte seinerzeit meinen Sinn für das Problem. Es veranlaßte mich, fortan immer wieder über die Stellung des Weines in unserer Gesellschaft nachzudenken und viele Fakten, Daten und Gedankengänge zu sammeln, die auch in dieses Buch eingeflossen sind.

In vielen zivilisierten Ländern ist der Alkoholmißbrauch heute ein schweres soziologisches Problem. Auch in der Bundesrepublik Deutschland gelten 2 bis 3 Prozent der Einwohner, das sind 1,2 bis 1,8 Millionen Menschen, als krankhaft alkoholabhängig. Die Zahl der Frauen unter den Alkoholikern hat in den letzten 20 Jahren erheblich stärker zugenommen als die der alkoholkranken Männer. Auf zwei bis drei alkoholkranke Männer kommt heute eine Alkoholikerin. Eine bedauerliche Form der Emanzipation der Frau! Die wirtschaftlichen Schäden der Alkoholsucht sind unabschätzbar. 1980 zahlten die Rentenversicherer etwa 14 000 Heilbehandlungen wegen Alkoholismus, wofür 280 Millionen DM aufgewendet werden mußten. Diese Kosten für Krankenhausaufenthalte und Entziehungskuren stellen eine enorme Belastung des Sozialetats dar. Doch hinter solchen Zahlen stehen allzu viele menschliche und familiäre Schicksale, gezeichnet von ruinierter körperlicher und seelischer Gesundheit und von gesellschaftlichem und beruflichem Abstieg. Jede sechste Kündigung in den Betrieben der Bundesrepublik wird wegen Alkoholmißbrauch ausgesprochen.

Professor Remmer, Direktor des Instituts für Toxikologie der Universität Tübingen, warnt vor dem wachsenden Alkoholmißbrauch mit den Worten: „Wir dürfen unsere Augen nicht verschließen vor der Möglichkeit, daß soziale und ökonomische Schwierigkeiten, die sich in Zukunft häufen werden, vielleicht nur deshalb nicht bewältigt werden können, weil dann der Alkoholismus zu viele von uns ruiniert hat!" Und er fährt an anderer Stelle fort: „Wir sorgen uns zu Recht um jene, die den harten Drogen verfallen, machen uns jedoch viel zu wenig Gedanken über den Alkoholismus, der zu einer unvergleichlich höheren Zahl Süchtiger führt, dessen Folgen auch nicht sogleich sichtbar sind, der aber die Ärzte und Krankenhäuser in Zukunft Belastungen von bisher kaum abzuschätzenden Ausmaßen aussetzen dürfte."

Auch der bereits erwähnte Bericht über den Alkoholismus in Frankreich, den eine französische Expertengruppe dem früheren Präsidenten der Republik Giscard d'Estaing vorlegte, nennt erschreckende Zahlen. Im Jahre 1976 beispielsweise fielen in Frankreich 21000 Personen dem Alkoholismus zum Opfer. Ein Drittel aller Tuberkulosetoten, vier Fünftel der Krebserkrankungen an Kehlkopf und Speiseröhre, die Hälfte der Morde und ein Viertel der Selbstmorde sowie ein Drittel der tödlichen Verkehrsunfälle werden in Frankreich dem Alkoholmißbrauch angelastet. 40 Prozent aller Patienten der psychiatrischen Krankenhäuser werden wegen alkoholischer Psychosen behandelt. 15 Prozent der Arbeitsunfälle entstehen durch Alkohol am Arbeitsplatz. Die Expertenkommission weist hin auf die enormen Sozialkosten und die schweren wirtschaftlichen Verluste sowie auf die Zerrüttungen in Ehe und Familie. Interessanterweise zeigt der Bericht aber auch, daß Alkoholiker in Frankreich immer weniger Wein und dafür mehr Bier, Whisky, Aperitifs und insbesondere Anisette trinken.

Ungehemmter und exzessiver Alkoholkonsum zerstört die physische und moralische Gesundheit und die Würde des Menschen. Er bringt großes Unheil über viele Familien. Der Alkohol, der – in vernünftigen Mengen genossen – den seelisch gesunden Menschen entspannt und beruhigt, führt bei Dauerkonsum großer Mengen bei seelisch kranken Menschen zu Halluzinationen. Wer zuviel trinkt, erleidet eine allmähliche Beeinträchtigung seiner Urteilsfähigkeit und wird von nervlicher Unruhe erfaßt. Weil er sich im nüchternen Zustand unruhig und unsicher fühlen würde, flüchtet er sich immer wieder zur Flasche. Der Konsum von Alkohol, der bis dahin eine Gewohnheit war, wird plötzlich zur Notwendigkeit.

Wo aber liegen die Ursachen für die zunehmende Schwere des Alkoholikerproblems? Wenn in unseren Tagen so viele Menschen und leider immer mehr Jugendliche und Frauen dem Alkohol verfallen, so ist das sicher nicht einfach eine Folge der Herstellung alkoholischer Getränke. Alkoholmißbrauch hat zwar die Existenz alkoholhaltiger Getränke zur Voraussetzung, aber deren Existenz ist nicht die direkte Ursache des Alkoholismus. Alkoholismus ist eine psychische Krankheit und seine zunehmende Verbreitung ist ein Symptom krankhafter Zustände in unserer Gesellschaft. Denn Menschen, die in sozial gefestigten Verhältnissen leben, eingebunden sind in eine gesunde Gemeinschaft, persönlichen Freiraum genießen, kreativ arbeiten können, von ihren Mitmenschen gebraucht und geachtet werden und darum vor allem ein Selbstwertgefühl besitzen, solche Menschen sind selten in Gefahr, sich dem unmäßigen Alkoholkonsum zu ergeben.

Menschen, die dem Alkohol verfallen, tun dies meist aus Hoffnungslosigkeit, mangelnder Zukunftsperspektive, Einsamkeit und seelischer Heimatlosigkeit. Sie trinken zuviel, weil sie haltlos, sozial entwurzelt und seelisch krank sind. Ja, sie werden noch kränker, weil sie zuviel trinken. Sie versuchen, im Rausch der Wirklichkeit zu entfliehen. Sie isolieren sich von den Mitmenschen und werden von den Mitmenschen isoliert. Vor allem, sie sind in diesem Zustand nicht in der Lage, ihre Probleme selbst aktiv anzugehen. Nur wenn es gelingt, die gesellschaftlichen Fehlentwicklungen zu stoppen und umzukehren, die so viele entwurzelte und auf ihrer Lebensbahn gescheiterte Mitmenschen unserer Massengesellschaft dem vermeintlichen Problemlöser Alkohol in die Arme treiben, nur dann kann die Brisanz der Alkoholismusfrage entschärft werden. Verbote und Produktionsbeschränkungen helfen da nicht weiter. Den klassischen Beweis hierfür liefert die Geschichte des totalen Alkoholverbots, der sogenannten Prohibition, in den USA (s. S. 92). Produktionsverbote würden im übrigen nur den mäßigen, zivilisierten Genießer treffen. Auch alle Maßnahmen, die versuchen, den Alkoholverbrauch über Rationierungen, Sondersteuern und Preisanhebungen zu drosseln, treffen nur den vernünftigen Verbraucher. Der abhängige, süchtige Trinker wird seinen Konsum nicht einschränken und sich seinen „Stoff" notfalls auf kriminellen Wegen beschaffen.

Angesichts der erschreckenden Zahlen und Fakten müssen wir uns nun aber die Frage stellen, welche Konsequenzen wir aus den Erörterungen über das ernste Alkoholikerproblem im Kontext dieses Buches zu ziehen haben. Es wäre verantwortungslos, davor die Augen zu verschließen. Wir sollten uns aber auch nicht davon verwirren lassen. Der Weinfreund, der mit Vernunft und in Maßen seinen Wein genießt, ist nicht zum Alkoholiker programmiert, so wie nicht jeder, der ein scharfes Taschenmesser bei sich trägt, zum Selbstmörder wird, indem er sich damit eines Tages die Pulsadern aufschneidet. Die Gefahr, zum Alkoholiker zu werden, ist bei den Weintrinkern, wie die Erfahrung lehrt, eher geringer als bei den Konsumenten anderer alkoholischer Getränke. Es gibt sicherlich weit mehr Menschen, die dem Wein – von der Zeugung her – ihr Leben verdanken, als solche, die es durch unmäßigen Weinkonsum ruiniert oder verloren haben.

Und auch dies sollte man bedenken: Mißbrauch kann man nicht nur mit dem Wein, sondern auch mit anderen, an sich schönen und guten Dingen betreiben. Ein solcher Mißbrauch aber macht diese Dinge nicht schlecht und er verleitet auch nicht notwendigerweise andere Menschen dazu, einen solchen Mißbrauch nachzuahmen.

Der Segen des kultivierten und mäßigen Weingenusses

Der Wein, in Maßen genossen, hat viele positive Wirkungen auf die Psyche des Menschen. Er fördert die seelische Erlebnisfähigkeit und die künstlerische Kreativität. Er hebt unsere Seele ein Stockwerk höher und schenkt ein tieferes Empfinden für die schönen Dinge des Lebens. Dr. Theo Becker, Ordensmeister der Weinbruderschaft der Pfalz und Träger des Weinkultur-Preises 1985, sagt es mit dem kurzen aber treffenden Vergleich: „Der Wein ist das Frostschutzmittel der Seele."

Mäßiger Weingenuß gefährdet beim gesunden Menschen weder die Leber noch andere Organe. Im Gegenteil; es ist wissenschaftlich bewiesen, daß maßvoller Weingenuß sogar die Gesundheit fördern und die Lebenserwartung erhöhen kann.

Dies zu zeigen, ist ja gerade das Hauptanliegen dieses Buches. Der Wein – zivilisiert genossen – ist also keine Droge und auch kein Gift. Es gilt deshalb zu verhindern, daß in der Diskussion um das ernste Sucht- und Drogenproblem der Wein mit herabgezogen und die symbolreiche Sprache einer geschichtsträchtigen Weinkultur auf ein einziges Wort eingeengt wird, das groteskerweise aus der arabischen Sprache stammt, das Wort *Alkohol.*

Im Deckengewölbe des Hauses des Weines in Bordeaux steht der Satz: „Il y a une civilisation du vin, c'est celle où les hommes veulent se connaître, pas se combattre." Es gibt eine spezielle Zivilisation des Weines, das ist diejenige, wo die Menschen danach streben, sich kennenzulernen und nicht, sich zu bekämpfen.

Sich in geselliger Runde bei einem Glas Wein zu treffen, in der Familie oder im Gasthaus, ist in den deutschsprachigen Weinländern eine gute, alte Sitte. Beim Wein gedeihen Fröhlichkeit und Humor. Beim Wein finden Freunde zueinander. Andererseits bekommt der Wein auch viel besser, wenn man ihn in angeregter Stimmung genießt. Wo gesungen und gelacht wird, entsteht keine stupide Trunkenheit. Der einzelne steht dort in der Kontrolle der Gemeinschaft.

Die alte Art der weinfrohen Geselligkeit scheint aber leider in unseren Tagen immer mehr abhanden zu kommen. In unserer Massengesellschaft ist vielen Menschen überhaupt die Fähigkeit verlorengegangen, miteinander zu sprechen, sich gegenseitig anzuhören und sich zu verstehen. Das Gespräch mit den Mitmenschen, das früher die einzige Kommunikation schlechthin war, droht in unserer Zeit von den technischen Kommunikationsmitteln, vor allem vom Fernsehen, überflutet und erdrückt zu werden. In dem Maße, wie die Menschen immer dichter beieinander leben müssen, wächst die Vereinsamung des einzelnen. In der Massengesellschaft, die sich sonst alle moralischen und unmoralischen Freiheiten herausnimmt, haben immer mehr Menschen Hemmungen, dem Mitmenschen *frei* und offenherzig zu begegnen. Selbst in der Familie glaubt man, sich einander nicht mehr verstehen zu können (1).

Hier liegt die große kulturelle Aufgabe des Weines in unserer Zeit. Er muß die Menschen zueinander führen und ihnen, wie Goethe sagt, die „sklavischen Zungen" lösen. Und diese Fähigkeit hat der Wein. Er beweist sie bei den vielen Festen von Vereinen und Kirchengemeinden und vor allem bei den zahlreichen Weinfesten und Dorfhocks, die heutzutage in unseren Winzerdörfern gefeiert werden. Die Menschen zueinander zu bringen, ist tatsächlich eine kulturelle Aufgabe, denn Kultur, das sind nicht nur gotische Dome, Malerei und klassische Musik. Kultur zeigt sich zuallererst im Zusammenleben der Menschen, im Verständnis zwischen der Jugend und den Erwachsenen, zwischen Einheimischen und Zugezogenen. Hängen wir also den Wein auch nicht zu hoch auf. Er soll kein elitäres Getränk sein. Er soll vielmehr für alle Menschen dasein, die verstehen, damit umzugehen. Wenn der Wein diese Funktion erfüllt, leistet er einen großen Beitrag zur sozialen Gesundheit unserer Gesellschaft.

Votum für die Wahrung der Weinkultur

Unser erster Bundespräsident, Professor Theodor Heuss, der einst seine Doktorarbeit über den Weingärtnerstand der Stadt Heilbronn schrieb, hat gesagt: „Wer Wein trinkt betet, wer Wein säuft sündigt." Der Weinfreund sollte stets bedenken: Nur in Maßen, nicht in Massen genossen, hat der Wein seine guten Seiten. Die Entspannung beim abendlichen Weingenuß kann zwar dazu beitragen, die Alltagsprobleme mit mehr Distanz zu sehen, aber der Wein selbst löst keine Lebensprobleme. Wer deshalb glaubt, seine Schwierigkeiten in Ehe, Familie oder Beruf dadurch meistern zu können, daß er sich unsinnig volltrinkt und damit der Wirklichkeit entflieht, ist auf dem Holzweg und steuert in den Alkoholismus.

Es sollte die Pflicht aller Angehörigen der Weinbranche, aber auch aller Weinfreunde sein, auf einen zivilisierten, vernünftigen und mäßigen Weinkonsum hinzuwirken. Nur so ist zu erreichen, daß der Wein von anderen alkoholhaltigen Getränken abgehoben bleibt und auch den Menschen unserer Zeit zum Segen und nicht zum Fluch wird. Wir möchten deshalb an alle Weinfreunde appellieren, durch ihr persönliches Beispiel in ihrer Familie und im Bekanntenkreis für einen kultivierten Weingenuß einzutreten.

Trinken Sie, wenn Sie irgendwo zu Gast sind, nie den angebotenen Wein, ohne die Herkunft, die Sorte und den Jahrgang zur Kenntnis zu nehmen. Bieten Sie umgekehrt ihren Gästen nie Wein an, ohne diesen in der Tischrunde wie einen neu hinzukommenden Gast vorzustellen. Ein guter Wein hat nach Herkunftsgebiet, Sorte, Jahrgang und Qualitätsstufe eine Individualität und verdient es, daß diese respektiert wird.

Trinken Sie selbst keinen Wein in Erregung oder aus Ärger. Isolieren Sie sich beim Weintrinken nicht bewußt von Ihren Mitmenschen, sondern suchen Sie die Geselligkeit und das Gespräch. Und verstoßen Sie schließlich nicht dauerhaft gegen den wohlgemeinten Rat: Nicht mehr als eine Flasche Wein pro Tag!

Im Gespräch mit dem Kunden, bei Weinproben und bei der Organisation von Weinfesten stehen viele Angehörige der Weinbranche in der Verantwortung für die Stellung des Weines in unserer Gesellschaft. Wir möchten an alle diejenigen, die den Wein dem Konsumenten nahebringen, appellieren:

Reden Sie bei Weinproben nicht zuviel über Analysenwerte und anderes Fachlatein. Geben Sie dem Weinfreund auch ein Bild von der großen Kultur des Weines.

In einem verengten Markt wird es künftig nicht leichter sein, Wein zu verkaufen. Wirken Sie trotzdem nach Kräften darauf hin, daß der Wein nicht wie ein ubiquitärer Massenartikel erscheint, den man überall wie standardisierte Produkte der Fließbandproduktion kaufen kann. Wenn Sie Wein über Kaufhäuser und Supermärkte vermarkten, dann versuchen Sie zu erreichen, daß er dort nicht zwischen allen anderen Massenwaren nach Cash and Carry-Manier, sondern in einer wohlsortierten, entsprechend gestalteten Spezialabteilung angeboten wird.

Die Weinwerbung muß sich davor hüten, die treuen Weinfreunde, die den alltäglichen, mäßigen Weingenuß bereits pflegen, zu einem ausufernden Weinkonsum anzuleiten. Auch sollte sie nicht die Vorstellung nähren, als gehöre das Weintrinken rund um die Uhr zur wahren Lebenskunst. Die Aufgabe der Werbung muß es sein, dem Wein *neue* Freunde zu gewinnen. Hierzu ist eine Missionsarbeit erforderlich. Wenn beispielsweise jeder erwachsene Bürger der Bundesrepublik Deutschland täglich ein Viertel deutschen Wein trinken würde, müßte zur Erzeugung des so entstehenden Bedarfs die deutsche Rebfläche auf das Vierfache ausgedehnt werden!

Die Weinbranche hat eigentlich gar keinen Grund, einem ausufernden Weinkonsum das Wort zu reden. Sie würde sich damit einen Bärendienst erweisen.

Weinfeste sind eine große Chance der Darstellung des Weines. Sie sprechen jedoch vor allem die einheimische Bevölkerung der Weinbaugebiete an, die mit dem Weintrinken bereits wohl vertraut ist. Sorgen Sie dafür, daß der Wein bei diesen Festen eingebunden bleibt in bodenständige Tradition, Folklore und Volkstum. Unterbinden Sie aber unbedingt, daß in den Weinlauben das Gespräch, das die Menschen beim Wein suchen, durch elektronisch verstärkte Musik oder musikähnliche Geräusche erdrückt wird.

Tragen Sie nach Kräften dazu bei, daß der Wein auch in unserer modernen Gesellschaft seine Stellung als Kulturgut behält!

Wir, die Autoren dieses Buches, stoßen zum Schluß an auf alle, die es verstehen, mit dem Wein gesittet umzugehen, und rufen Ihnen zu:

Prosit, et à votre santé. Zum Wohl auf Ihre Gesundheit.

Anhang

Die Inhaltsstoffe des Weines

Den Weinfreund wird es interessieren, wie sich der Wein analytisch zusammensetzt und welche Substanzen man mit einem Glas Wein zu sich nimmt. Die Inhaltsstoffe des Weines schwanken natürlicherweise in weiten Grenzen, je nachdem, in welchem Klima die Trauben gereift sind, je nach der Rebsorte, der Witterung des Erntejahres, je nach dem Boden, der den Rebstock ernährte, und nicht zuletzt auch je nach Art der Mostbehandlung und Gärführung. Wein ist nicht gleich Wein, so wie ein Mensch nicht gleich dem anderen ist. Es ist schon ein beträchtlicher Unterschied, ob man einen Sherry probiert, der auf den heißen, trockenen Kalkböden von Jerez de la Frontera in Südspanien gewachsen ist und jahrelang bei hohen Temperaturen in kleinen Holzfässern unter Lufteinfluß gereift wurde, oder einen Riesling-Kabinett von den steinigen, sommerfeuchten, aber nur mäßig warmen deutschen Rebhängen, der in kühlen Kellern unter strengem Schutz vor Luftsauerstoff ausgebaut wurde und auf der Flasche seine letzte Reifung erfuhr. Die Weinchemiker haben bis heute im Wein 12 verschiedene Alkohole, 6 verschiedene Zucker, 14 organische Säuren, 12 Ester, 11 Kationen und 9 Anionen, 32 Aminosäuren, 10 verschiedene stickstoffhaltige Substanzen, 17 Anthocyan-Farbstoffe, 12 phenolische Substanzen (Gerbsäuren), 6 verschiedene leicht flüchtige Stoffe, 12 Vitamine, 6 Enzyme und eine nicht näher bestimmte Zahl von Polypeptiden, Proteinen, Polysacchariden und colloidalen Substanzen gefunden (72). Die unzähligen Aromakomponenten, die in äußerst geringen Mengen im Wein vorkommen, geschmacklich aber stark in Erscheinung treten, sind bis heute nur zum Teil identifiziert.

Über die so komplexe Zusammensetzung des Weines wird man sich nicht wundern, wenn man bedenkt, daß der Saft der Trauben doch das Produkt lebender Zellen der Traubenbeeren ist und daß bei seiner Umwandlung zu Wein wiederum die lebenden Zellen von Hefen ud säureabbauenden Bakterien aktiv waren. Der Wein ist eben kein Produkt aus der Retorte.

Die nebenstehende Tabelle gibt einen Überblick der Inhaltsstoffe gängiger deutscher Weine. Die Angaben sind auch für andere Weine der kühleren Weinbaugebiete zutreffend.

Inhaltsstoffe deutscher Weine in den Qualitätsstufen Landwein, Qualitätswein, Kabinett und Spätlese

Inhaltsstoffe			Gehalt in Gramm pro Liter
Äthylalkohol (Weingeist)			70 -100
		(Vol. %	9,0 - 12,7)
Zucker			1 - 40
Zuckerfreier Extrakt			20 - 30
höhere Alkohole			
davon:	Glycerin		6 - 10
	Butylenglykol		0,1 - 0,7
	Fuselöle		0,10- 0,15
	Organische Säuren		
	Weinsäure und Äpfelsäure		4 - 8
	Milchsäure		0,2 - 3
	andere		0,8 - 1,2
	Mineralstoffe		1,5 - 3
	Stickstoffverbindungen		
	u. a. Eiweiß		0 - 0,7
	Gerb- und Farbstoffe		
		Weißwein	0,1 - 0,3
		Rotwein	1 - 2,5
Mehrere hundert Aromastoffe			1 - 2
Acetaldehyd			0 - 0,15
Methylalkohol			
		Weißwein	ca. 0,05
		Rotwein	bis 0,10
Schweflige Säure			0,08- 0,25
Vitamine			Spuren

Literaturverzeichnis

I. Deutschsprachige Schriften allgemeiner Natur zu Wein, Weinkultur, Weingeschichte, Wein und Gesundheit

(1) *Arntz, H.:* Der Wein und die Massengesellschaft. Schriften zur Weingeschichte, herausgegeben von der Gesellschaft für Geschichte des Weines. Nr. 12, Wiesbaden 1964

(2) *Christoffel, K.:* Durch die Zeiten strömt der Wein. Verlag Cram, de Gruyter u. Co., Hamburg 1957

(3) *Freihold, J.:* Votum zu maßvollem, regelmäßigem Weingenuß. Rebe und Wein 33, 1980, Heft 11, 423–424

(4) *Götz, B.:* Wein und Kultur. Seewald Verlag, Stuttgart 1979, 228 Seiten

(5) *Jung, H.:* Unsterblicher Bacchus, Verlag Lange, Duisburg, 1955

(6) *Jung, H.:* Wein in der Kunst. Verlag F. Bruckmann, 1961

(7) *Lemperle, E.:* Im Anfang war der Rotwein. Bad. Winzer, Heft 5, 1981, 236–244

(8) *Maret, F.:* Der Wein in der Medizingeschichte. Hippokrates-Verlag, Stuttgart 1980

(9) *Seybold, A.:* Vinum – der Wein. Verlag Quelle u. Meyer, Heidelberg 1955

(10) *Uhr, D.:* Alles über den Durst. Verlag Meininger, Neustadt a. d. W. 1979

(11) *Vogt, Jakob, Lemperle, Weiss:* Der Wein. Ulmer Verlag, Stuttgart 1974

(12) *Woschek, H. G.:* Der Wein. Verlag Callweg, München 1971

II. Deutschsprachige Schriften zu speziellen medizinischen Fragen in Verbindung mit dem Wein

(13) *Badischer Weinbauverband e. V.:* Reben, Wein, Gesundheit. Verlag Rombach, Freiburg 1983

(14) *Berg, P.:* Gerichtliche Medizin. 7. Auflage 1966, Verlag von Rudolph Müller u. Steinicke, München 1966

(15) *Braunsteiner, Sailer, Sandhofer:* Beitrag in Hornbüstel, Kaufmann, Siegenthaler: Innere Medizin in Praxis u. Klinik, Teil 13, Georg Thieme Verlag, Stuttgart 1977

(16) *Enkelmann, R. und Bayerlander, C.:* Untersuchungen über den Bleigehalt auf Trauben, im Most und Wein. Die Wein-Wissenschaft 28, 322–327, 1973

(17) *Heilmeyer, L.:* Innere Medizin. Ein Lehrbuch für Studierende der Medizin und Ärzte. Dritte, neu bearbeitete Auflage, herausgegeben von Hans-Adolf Kühn. Springer Verlag, Berlin–Heidelberg–New York 1971

(18) *Herbich, J. u. Prokop, L.:* Wiener klinische Wochenschrift, Nr. 21, 1963

(19) *Huber, G.:* Psychiatrie, Systematischer Lehrtext für Studenten und Ärzte. 2. Auflage, Schattauer Verlag 1976

(20) *Huber, G.*, wissenschaftlicher Assistent, Med. Universitätsklinik Freiburg, Abt. Leistungsmedizin (Direktor Prof. Dr. med. J. Keul): Mündliche Mitteilungen

(21) *Kliewe, H.:* Wein und Gesundheit. Verlag Meininger, Neustadt a. d. W. 1955

(22) *Kliewe, H. u. Eschnauer, H.:* Der gesundheitliche Wert von Mineralien, Spurenelemente und Vitamine in Spätburgunderweinen. Die Wein-Wissenschaft 23, 30–44, 1968

(23) *Kliewe, Knick, Konder:* Diabetiker und Weingenuß. Die Wein-Wissenschaft 24, 339–344, 1969

(24) *Kuntz, E.:* Wie Alkohol die Leber kaputt macht. Ärztl. Praxis, XXXIV. Jahrgang Nr. 86, vom 26. X. 82, S. 2913

(25) *Kuntz, E.:* Toxische Leberschäden. Documed A. Nattermann GmbH, Köln, Sept. 1980

(26) *Lemperle, Kerner, Strecker, Waible:* Wirkstoffrückstände und Gärbeeinflussung nach Anwendung von Fungiziden im Weinbau. Deutsche Lebensmittel-Rundschau 69, 313–322, 1973

(27) *Lemperle, E.:* Asbest und die Filtration von Wein. Der Badische Winzer, Heft 6, 340–346, 1983

(28) *Marquardt, P. u. Werringloer, J.:* Untersuchungen zur Ursache akuter und chemischer Schäden durch Weingenuß. Die Wein-Wissenschaft 20, 260–267, 1965

(29) *Mayer, K. u. Pause, G.:* Histamingehalte in 1981er Ostschweizer Weinen. Schweiz. Zeitschrift f. Obst- und Weinbau, Nr. 24/1982, 723–727

(30) *Nerb, G.:* Wein und Gesundheit – Ergebnisse von Verbraucherumfragen, in Pieroth, K.: Wein – Genuß ohne Risiko, Meininger Verlag, Neustadt 1982

(31) *Ott, B.:* Alkoholkranke und niedergelassener Arzt. Zeitschrift für Allgemeinmedizin, 58. Jahrg., Heft 33, 30. Nov. 1982, 1810–1813

(32) *Pick, A.:* Über den Einfluß des Weines auf die Entwicklung der Typhus- und Cholerabazillen. Zentralblatt für Bacteriologie 12, 1892
(33) *Pietrzik, Hötzel, Sültemeier:* Konsum alkoholischer Getränke: Biochemische und ernährungsphysiologische Gesichtspunkte. Deutsche Lebensmittel-Rundschau 71, Heft 4, 132–137, 1975
(34) *Poeck, K.:* Neurologie, ein Lehrbuch für Studenten und Ärzte, 5. Auflage, Springer Verlag, Berlin–Heidelberg–New York 1978
(35) *Reich, Ph.:* Weinkompendium für den Arzt. Wissenschaftl. Verlagsgesellschaft m.b.H., Stuttgart, 1950
(36) *Reindell, H. u. Roskamm, H.:* Herzkrankheiten, Pathophysiologie, Diagnostik, Therapie. Springer Verlag, Berlin–Heidelberg–New York, 1977
(37) *Remmer, H.:* Die Wirkungen des Alkohols. Deutsches Ärzteblatt, Heft 51, 17. Dez. 1981, 2429–2440
(38) *Schäfer, H. J.:* Alkohol und Diabetes. Medizin und Ernährung 8, 29–33, 1967
(39) *Schmitt, A.:* Alkoholische Getränke und deren Wirkung auf den menschlichen Organismus. Bayerisches Landw. Jahrbuch 54, Sonderheft 3, 1977
(40) *Schuhmacher, P.:* Verändert Alkohol Struktur und Funktion der Leber? 5. Intern. Önolog. Symposium, Auckland, Neuseeland. Herausgegeben von E. Lemperle u. J. Frank. Eigenverlag der Intern. Interessengem. f. moderne Kellertechnik und Betriebsführung, Breisach 1978
(41) *Seidenberg, J.:* Fehlgebildete Kinder durch Alkohol in der Schwangerschaft. Prävention 3, 1. Jahrgang, 25–30, 1978
(42) *Seitz, H. K.:* Alkohol und Karzinogenese. Leber–Magen–Darm, Bd. 12, Nr. 3, Juni 1982, S. 95
(43) *Teschke, R.:* Chronische Leberkrankheiten, Alkohol und Nitrosamine. 12. Lebertagung der Sozialmedizin. Bad Mergentheim, 15.–18. 10. 1981, Georg Thieme Verlag, Stuttgart
(44) *Thaler, H.:* Die Fettleber und ihre klinische Bedeutung. Beitrag in: Klinische Gastroenterologie. Herausgegeben von L. Demling. Georg Thieme Verlag, Stuttgart 1973, 621–632
(45) *Thaler, H.:* Alkoholinduzierte Leberschäden. Therapeutische Umschau, Monatsschrift für praktische Medizin 35, Heft 9, 727–733, 1978
(46) *Thaler, H.:* Die Alkoholhepatitis. Der Internist 20, 179–184, 1979
(47) *Thaler, H.:* Morphologie und Pathogenese der Leberzirrhosen. Beitrag in: Klinische Hepatologie. Herausgegeben von H. A. Kühn u. H. Wernze, Georg Thieme Verlag Stuttgart 1979, 304–310
(48) *Thaler, H.:* Leberkrankheiten. Springer Verlag, Berlin–Heidelberg–New York, 1982
(49) *Trees, N.:* Alkoholgenuß als Ursache von Synkopen und Herzrhythmusstörungen. Medica 4. Heft 6, 8. 6. 1983, S. 425
(50) *Ulrich, W.:* Alkohol muß nicht schädlich sein. Econ Verlag, Düsseldorf und Wien 1981
(51) *Wieland, W.:* Vortrag beim Symposium des Stabilisierungsfonds für Wein am 27. 10. 1982 in Würzburg
(52) *Wohlfahrt, P. u. Lemperle, E.:* Wie „rückständig" ist Rebschutz? Badischer Winzer, Heft 4/83, 166–171, 1983
(53) *Wucherpfenning, K.:* Zur Toxizität der schwefligen Säure. Weinberg und Keller 25, 171–184, 1978

III. Fremdsprachige, wissenschaftliche Spezialliteratur

(Es werden nur die Autoren und die Literaturstelle angegeben. Auf die Wiedergabe des Titels der jeweiligen Veröffentlichung wird, wo dies möglich ist, verzichtet)

(54) *Aschkenasy-Lelu, A.:* Rapport sur l'activité du Haut Comité d'Etude et d'Information sur Alcoolisme, 1958
(55) *Barboriak, Anderson, Rimm, Tristani:* Alcoholism: Clinical and Experimental Research 3. (1), 29–32, 1979
(56) *Castelli, Doyle, Gordon, Hames, Hjortland, Hulley, Kagan, Zukel:* The Lancet 2, S. 153–155, 1977
(57) *Causeret, J.:* Congr. intern. Etude scient. Vin et Raisin, Bordeaux 1958
(58) *Cullen, Stenhouse, Wearne:* International Journal of Epidemiology Vol. 11, No 1, 67–70, 1982
(59) *Dyer, Stamler, Paul, Lepper, Shekelle, McKean, Garside:* Preventive Medicine 9, 78–90, 1980
(60) *Eylaud, J. M.:* Vin et santé. La Diffusion nouvelle du Livre, Soissons (Aisne), France, 1960
(61) *Groupe de travail presidé par le Professeur J. Bernard:* L'alcoolisme, Rapport au Président de la Republique. La documentation française 29–31, quai Voltaire, 75340 Paris Cedex 07
(62) *Haut, Cowan:* American Journal of Medicine 56, 22–33, 1974
(63) *Hennekens, Willet, Rosner, Cole, Mayrent:* JAMA 242. (18), 1973–1974, 1979
(64) *Huguet, J. Y.:* Les comportements de consommation du vin en France. 61[e] Assemble generale de l'Office International de la Vigne et du Vin, Vienne, 30 août - 6 sept. 1981
(65) *Klatsky, Friedman, Siegellaub:* Annals of Internal Medicine 81, 294–301, 1974
(66) *Klatsky, Friedman, Siegellaub;* Annals of Internal Medicine 95, 139–145, 1981
(67) *La Porte, Cresanta, Kuller:* Preventive Medicine 9, 22–40, 1980

(68) *Lavollay et Neumann:* C. R. Acad. Sci. 212, 252, 1941
(69) *Lavollay et Sevestre:* C. R. Acad. Agr. 30, 259, 1944
(70) *Leger, Cochrane, Moore:* The Lancet 2, 1017–1020, 1979
(71) *Marmot, Shipley, Rose, Thomas:* The Lancet 1, 580–583, 1981
(72) *Masquelier, J. in:* Ribereau-Gayon et Peynaud, Traité d'œnologie, Tome second, Libraire polytechnique Ch. Béranger, Paris et Liège, 1961, 93–148
(73) *Ministère de l'Agriculture, Institut des vins de consommation courante:* Le vignoble français d'apres le cadastre viticole (ohne Jahresangabe)
(74) *Parrot et Cotereau:* Arch. intern. Physiol. 54, 197, 1946
(75) *Parrot et Cotereau:* C. R. Soc. Biol. 140, 61, 1946
(76) *Prokop, L.:* Le vin et la santé de l'homme en Autriche. Symposium international sur »Alimentation et Consommation du Vin«, Vérone (Italie) 15–19 avril 1982. Office International de la Vigne et du Vin, Paris
(77) *Randoin et Lecoq:* Bull. Soc. Chim. biol. 9, 513, 1957
(78) *Ricci and Angelico:* The Lancet 1, june 30, 1404, 1979
(79) *Rosenberg, Slone, Shapiro, Kaufman, Miettinen, Stolley:* American Journal of Public Health, 71, 82–85, 1981
(80) *Rougie, J. P:* Thèse Doctorat Etat (Médicine), Bordeaux, Drouillard, 1950
(81) *Yano, Rhoads, Kagan:* The New England Journal of Medicine, 297 (8) 405–409, 1977
Nachtrag:
(82) *Mendelson, Stein, McGuire:* Psychosomatic Medicine, 28, 1–12, 1966
(83) *Mendelson and Mello:* Biologic Concomitants of Alcoholism. The New England Journal of Medicine, Oct. 25, 912–921, 1979
(84) *Reed, Kalant, Gibbins, Kapur, Rankin:* Journal of Canadian Medical Ass. 15, 851–855, Nov. 1976
(85) *Taberner:* Sex differences in the effects of low doses of ethanol on human reaction. Psychopharm (Berlin) 70, 283–286, 1980
(86) *Wolff:* Science 175, 449–450, 1972